LA COMTESSE

DE CHARNY

PAR

ALEXANDRE DUMAS.

2

PARIS
ALEXANDRE CADOT, ÉDITEUR,
37, RUE SERPENTE.
—
1852

LA COMTESSE DE CHARNY.

Ouvrages du Marquis de Foudras.

LES ŒUVRES.

Diane et Vénus.	4 vol.
Madeleine Repentante (suite du Caprice).	4 vol.
Un Caprice de grande dame.	5 vol.
Un Capitaine de Beauvoisis.	4 vol.
Jacques de Brancion.	5 vol.
Les Gentilshommes chasseurs.	2 vol.
Les Viveurs d'autrefois.	4 vol.
Les Chevaliers du Lansquenet.	10 vol.
Lord Algernon.	4 vol.
Madame de Miremont.	2 vol.
Lilla la Tyrolienne.	4 vol.
Tristan de Beauregard.	4 vol.
Suzanne d'Estouville.	4 vol.
La comtesse Alvinzi.	2 vol.
Le Capitaine La Curée.	4 vol.

Sous presse.

Le Chevalier d'Estagnol.
Dames de cœur et Dames de pique.
Le dernier des Roués.
Un Drame en famille.
Les Veillées de la Saint Hubert.

Ouvrages de A. de Gondrecourt.

LES ŒUVRES

La Tour de Dago.	5 vol.
Le Bout de l'oreille.	7 vol.
Le Légataire.	2 vol.
Les Péchés mignons.	5 vol.
Médine.	2 vol.
La Marquise de Candeuil.	2 vol.
Un Ami diabolique.	5 vol.
Les derniers Kerven.	2 vol.

Sous presse.

Mémoires d'un vieux Garçon
La Chasse aux diamants.

Ouvrage d'Alexandre Dumas.

LA COMTESSE DE SALISBURY.

6 volumes in-8.

On vend séparément les derniers volumes pour compléter la première édition.

Imprimerie de E. Dépée, à Sceaux.

LA COMTESSE

DE CHARNY

PAR

ALEXANDRE DUMAS.

2

PARIS
ALEXANDRE CADOT, ÉDITEUR,
37, RUE SERPENTE.

1852

I

Mari et Femme.

En deuil de son frère, tué deux jours auparavant, le comte de Charny était tout vêtu de noir.

Puis, comme ce deuil, pareil à celui d'Hamlet, était non seulement sur les habits, mais au cœur, son visage pâli attestait des larmes qu'il avait versées et des douleurs qu'il avait souffertes.

La comtesse embrassa tout cet ensemble d'un rapide regard ; jamais les belles figures ne sont si belles qu'après les larmes, jamais Charny n'avait été si beau.

Elle ferma un instant les yeux, renversa légèrement sa tête en arrière, comme pour donner à sa poitrine la faculté de respirer, et appuya sa main sur son cœur, qu'elle sentait prêt à se briser.

Quand elle rouvrit les yeux, et ce fut une seconde à peine après les avoir fermés, elle retrouva Charny à la même place.

Le geste et le regard d'Andrée lui demandèrent en même temps et si visiblement pourquoi il n'était pas entré, qu'il répondit tout naturellement à ce geste et à ce regard :

— Madame, j'attendais.

Il fit un pas en avant.

— Faut-il renvoyer la voiture de Monsieur? demanda le concierge, visiblement sollicité à cette interrogation par le domestique du comte.

Un regard d'une indicible expression jaillit de la prunelle du comte et se porta sur Andrée, qui, comme éblouie, ferma les yeux une seconde fois et resta immobile, la respiration suspendue, comme si elle n'eut point entendu l'interrogation, comme si elle n'eût pas vue le regard.

L'une et l'autre cependant avaient pénétré tout droit jusqu'à son cœur.

Charny chercha par toute cette statue vivante un signe qui lui indiquât ce qu'il avait à répondre ; puis, comme le frissonnement qui échappa à Andrée pouvait être aussi bien de la crainte que le comte ne s'en allât point, que du désir qu'il restât.

— Dites au cocher d'attendre, répondit-il.

La porte se referma, et, pour la première fois peut-être depuis leur mariage, le comte et la comtesse se trouvaient seuls.

Ce fut le comte qui rompit le premier le silence.

— Pardon, Madame, dit-il, mais ma présence inattendue serait-elle encore indiscrète. Je suis debout, la voiture est à la porte, et je repars comme je suis venu.

— Non, Monsieur, dit vivement Andrée, au contraire. Je vous savais sain et sauf, mais je n'en suis pas moins heureuse de vous revoir, après les terribles évènements qui se sont passés.

— Vous avez donc eu la bonté de vous informer de moi, Madame? demanda le comte.

— Sans doute, hier et ce matin; on m'a répondu que vous étiez à Versailles; ce soir, et l'on m'a répondu que vous étiez près de la reine.

Ces derniers mots avaient-ils été prononcés simplement ou contenaient-ils un reproche ?

Il est évident que le comte lui-même, ne sachant point à quoi s'en tenir, s'en préoccupa un instant.

Mais presque aussitôt laissant probablement à la suite de la conversation le soin de relever le voile un instant abaissé sur son esprit.

— Madame, répondit-il, un soin triste et pieux me retenait hier et aujourd'hui à Versailles ; un devoir que je regarde comme sacré, dans la situation où la reine se trouve, m'a conduit, aussitôt mon arrivée à Paris, chez Sa Majesté.

A son tour, Andrée essaya visiblement de saisir, dans tout son réalisme, l'intention des dernières paroles du comte.

Puis, pensant qu'elle devait surtout une réponse aux premières :

— Oui, Monsieur, dit-elle, j'ai su la perte terrible que...

Elle hésita un instant.

— Que *vous* avez faite.

Andrée avait été sur le point de dire que *nous* avons faite, elle n'osa point et continua :

— Vous avez eu le malheur de perdre *votre* frère, le baron Georges de Charny.

On eût dit que Charny attendait au

passage les deux mots que nous avons soulignés, car il tressaillit au moment où chacun d'eux fut prononcé.

— Oui, Madame, répondit-il, c'est, comme vous le dites, une perte terrible pour moi que celle de ce jeune homme, une perte que, par bonheur, vous ne pouvez apprécier, ayant si peu connu le pauvre Georges.

Il y avait un doux et mélancolique reproche dans ce mot, *par bonheur*.

Andrée le comprit, mais aucun signe extérieur ne manifesta qu'elle y eut fait attention.

— Au reste, une chose me consolerait de cette perte si je pouvais en être consolé, reprit Charny, c'est que le pauvre Georges est mort comme mourra Isidore, comme je mourrai probablement, en faisant son devoir.

Ces mots : Comme je mourrai probablement, atteignirent profondément Andrée.

— Hélas! Monsieur, demanda-t-elle, croyez-vous donc les choses si désespérées qu'il y ait encore besoin, pour désarmer la colère céleste, de nouveaux sacrifices de sang?

— Je crois, Madame, que l'heure des rois est, sinon arrivée, mais arrivera bientôt. Je crois qu'il y a un mauvais génie qui poursuit la monarchie vers l'abîme. Je pense enfin que, si elle y tombe, elle doit être accompagnée dans sa chute de tous ceux qui ont eu part à sa splendeur.

— C'est vrai, dit Andrée, et quand le jour sera venu, croyez qu'il me trouvera comme vous, Monsieur, prêt à tous les dévoûments.

— Ah! Madame, dit Charny, vous avez donné trop de preuves de ce dévoûment dans le passé, pour que qui que ce soit, et moi moins que personne, doute de ce dévoûment dans l'avenir; et peut-être ai-je d'autant moins le droit de douter du vôtre, que le mien, pour la première fois peut-être, vient de reculer devant un ordre de la reine.

— Je ne comprends pas, monsieur, dit Andrée.

— En arrivant de Versailles, madame, j'ai trouvé l'ordre de me présenter à l'instant même chez Sa Majesté.

— Ah! fit Andrée en souriant tristement.

Puis après un instant de silence.

— Cela est tout simple, dit-elle, la reine voit comme vous l'avenir mystérieux et sombre, et veut réunir autour d'elle les hommes sur lesquels elle sait pouvoir compter.

— Vous vous trompez, madame, répondit Charny, ce n'était point pour me rapprocher d'elle que la reine m'appelait, c'était pour m'en éloigner.

— Vous éloigner d'elle, dit vivement Andrée en faisant un pas vers le comte.

Puis, après un moment, s'apercevant que le comte était depuis le commencement de la conversation demeuré debout près de la porte.

— Pardon, dit-elle en lui indiquant un fauteuil, je vous tiens debout, monsieur le comte.

Et en disant ces mots elle retomba elle-même, incapable de se soutenir plus longtemps, sur le canapé où un instant auparavant elle était assise avec Sébastien.

— Vous éloigner, répéta-t-elle avec une émotion qui n'était pas exempte de joie, en pensant que Charny et la reine allaient être séparés ; et dans quel but ?

— Dans le but d'aller remplir à Turin une mission près de MM. le comte d'Artois et le duc de Bourbon qui ont quitté la France.

— Et vous avez accepté ?

Charny regarda fixement Andrée.

— Non, madame, dit-il.

Andrée pâlit tellement que Charny fit un pas vers elle, comme pour lui porter secours ; mais à ce mouvement du comte elle rappela ses forces et revint à elle.

— Non, balbutia-t-elle, vous avez répondu *non* à un ordre de la reine ; vous, monsieur !...

Et les deux derniers mots furent prononcés avec un accent de doute et d'étonnement impossible à rendre.

— J'ai répondu, madame, que je croyais ma présence, en ce moment surtout, plus nécessaire à Paris qu'à Turin, que tout le monde pouvait remplir la mission dont on voulait bien me faire l'honneur de me charger et que j'avais là justement un second frère à moi, arrivé à l'instant même de province pour se mettre aux ordres de Sa Majesté et qui était prêt à partir à ma place.

— Et sans doute, monsieur, la reine a accepté la substitution avec transport, s'écria Andrée avec une expression d'amertume qu'elle ne put contenir et qui parut ne pas échapper à Charny.

— Non, madame, au contraire, car ce refus parut la blesser profondément ; j'eusse donc été forcé de partir, si par bonheur le roi n'était entré dans ce moment, et si je ne l'eusse fait juge.

— Et le roi vous donna raison, monsieur, reprit Andrée avec un sourire ironique, et le roi fut comme vous d'avis que vous deviez rester aux Tuileries. Oh ! que Sa Majesté est bonne !

Charny ne sourcilla point.

— Le roi dit, reprit-il, qu'en effet mon frère Isidore était tout à fait convenable pour cette mission, d'autant plus convenable que, venant pour la première fois à la cour et presque pour la première fois à Paris, son absence ne serait point remarquée, et il ajouta qu'il était cruel à la reine d'exiger que dans un pareil cas je m'éloignasse de vous.

— De moi, s'écria Andrée, le roi a dit de moi?

— Je vous répète ses propres paroles, madame, alors cherchant des yeux autour de la reine et s'adressant à moi.

— Mais en effet, où donc est la comtesse de Charny? demanda-t-il, je ne l'ai pas vue depuis hier au soir.

Comme c'était surtout à moi que la question était adressée, ce fut moi qui y fis droit.

— Sire, répondis-je, j'ai si peu le bonheur de voir madame de Charny, qu'il me serait impossible de vous dire en ce moment où est la comtesse, mais si Votre Majesté désire être informée à ce sujet qu'elle s'adresse à la reine, la reine le sait, la reine répondra.

Et j'insistais parce que voyant le sourcil de la reine se froncer, je pensais que quelque chose d'ignoré par moi s'était passé entre vous et elle.

Andrée paraissait si ardente à écouter qu'elle ne songea pas même à répondre.

Alors Charny continua.

— Sire, répondit la reine, madame la comtesse de Charny a quitté les Tuileries il y a une heure.

— Comment, demanda le roi, madame la comtesse de Charny a quitté les Tuileries.

— Oui, Sire.

— Mais pour y revenir bientôt.

— Je ne crois pas.

— Vous ne croyez pas, madame, reprit le roi, mais quel motif a donc madame de Charny, votre meilleure amie, madame. La reine fit un mouvement. Oui, je dis, votre meilleure amie, pour quitter les Tuileries dans un pareil moment.

— Mais, dit la reine, je crois, Sire, qu'elle se trouve mal logée.

— Mal logée, sans doute, si notre intention eût été de la laisser dans cette chambre attenante à la nôtre, mais nous lui eussions trouvé un logement, pardieu, un logement pour elle et pour le comte, n'est-ce pas, comte, et vous ne vous seriez pas montré trop difficile, j'espère.

— Sire, répondis-je, le roi sait que je

me tiendrai toujours pour satisfait du poste qu'il m'assignera, pourvu que ce poste me donne occasion de le servir.

— Eh! je le savais bien, reprit le roi, de sorte que madame de Charny s'est retirée, où cela, madame, savez-vous ?

— Non, Sire, je ne sais.

— Comment, votre amie vous quitte et vous ne lui demandez point où elle va.

— Quand mes amis me quittent, je les laisse libres d'aller où ils veulent, et n'ai point l'indiscrétion de leur demander où ils vont.

— Bon, me dit le roi, bouderie de femme, monsieur de Charny, j'ai quelque mots à dire à la reine, allez m'attendre chez moi, et me présentez votre frère : ce soir même il partira pour Turin. Je suis de votre avis, monsieur de Charny, j'ai besoin de vous et je vous garde.

J'envoyai chercher mon frère qui venait d'arriver et qui me l'ayant fait dire, m'attendait dans le salon vert.

A ces mots *dans le salon vert*, Andrée qui avait presqu'oublié Sébastien, tant elle semblait attacher d'intérêt au récit de son mari, se reporta en pensée à tout ce qui venait de se passer entre elle et son fils, et jeta les yeux avec angoisses sur la porte de la chambre à coucher où elle l'avait enfermé.

— Mais pardon, Madame, dit Charny,

je vous entretiens, j'en ai peur, de choses qui vous intéressent médiocrement, et sans doute vous vous demandez comment je suis ici et ce que j'y viens faire.

— Non, Monsieur, dit Andrée, tout au contraire, ce que vous me faites l'honneur de me raconter, est pour moi du plus vif intérêt, et quant à votre présence chez moi, vous savez qu'à la suite des craintes que j'ai éprouvées sur votre compte, cette présence qui prouve qu'à vous personnellement il n'est rien arrivé de fâcheux, cette présence ne peut que m'être agréable, continuez donc, je vous prie, le roi venait de vous dire de l'aller attendre chez lui, et vous aviez fait prévenir votre frère.

— Nous nous rendîmes chez le roi, Madame; dix minutes après nous il revint. Comme la mission pour les princes était urgente, ce fut par elle que le roi commença; elle avait pour but d'instruire Leurs Altesses des événements qui venaient de .se passer. Un quart d'heure après le retour de Sa Majesté, mon frère partait pour Turin.

Nous restâmes seuls.

Le roi se promena un instant tout pensif.

Puis, tout à coup, s'arrêtant devant moi.

— Monsieur le comte, me dit-il, savez-vous ce qui s'est passé entre la reine et la comtesse ?

— Non, Sire, répondis-je.

— Il faut cependant qu'il se soit passé quelque chose, ajouta-t-il, car j'ai trouvé la reine d'une humeur massacrante, et même, à ce qu'il m'a paru, injuste pour la comtesse, ce qui n'est point son habitude à l'endroit de ses amis qu'elle défend, même quand ils ont des torts.

— Je ne puis que répéter à Votre Majesté ce que j'ai eu l'honneur de lui dire, repris-je, j'ignore complètement ce qui s'est passé entre la comtesse et la reine, et même s'il s'est passé quelque chose. En tout cas, Sire, j'ose affirmer d'avance que s'il y a eu des torts d'un côté ou de l'autre, en supposant qu'une reine puisse avoir des torts, ces torts ne viennent que du côté de la comtesse.

— Je vous remercie, Monsieur, dit Andrée, d'avoir si bien présumé de moi.

Charny s'inclina.

— En tout cas, reprit le roi, si la reine ne sait pas où est la comtesse, vous devez le savoir, vous.

— Je n'étais guère plus instruit que la reine, cependant je repris :

— Sire, je sais que madame la comtesse a un pied à terre rue Coq-Héron, c'est là, sans doute, qu'elle se sera retirée.

— Eh oui, sans doute, c'est là, dit le

roi, allez-y, comte, je vous donne congé jusqu'à demain, pourvu que demain vous nous rameniez la comtesse.

Le regard de Charny, en prononçant ces mots, s'était arrêté si fixement sur Andrée, que celle-ci mal à l'aise et sentant qu'elle ne pouvait éviter ce regard, ferma les yeux.

— Vous lui direz, continua Charny, toujours parlant au nom du roi, que nous lui trouverons ici, dussé-je le chercher moi-même, un logement moins grand que celui qu'elle avait à Versailles, bien certainement, mais enfin suffisant pour un mari et une femme. Allez, monsieur de Charny, allez; elle doit être inquiète de vous et vous inquiet d'elle, allez.

Puis me rappelant, comme j'avais déjà fait quelques pas vers la porte.

—A propos, monsieur de Charny, dit-il en me tendant sa main que je baisai, en vous voyant vêtu de deuil, c'est par là que j'eusse dû commencer, vous avez eu le malheur de perdre votre frère. On est impuissant, fut-on roi, à consoler de ces malheurs-là ; mais roi, on peut dire, votre frère était-il marié? avait-il une femme, des enfants? Cette femme et ces enfants peuvent-ils être adoptés par moi? En ce cas, Monsieur, s'ils existent, amenez-les moi, présentez-les moi. la reine se chargera de la mère et moi des enfants.

Et comme en disant ces mots, des larmes apparaissaient au bord des paupières de Charny.

— Et sans doute, lui demanda Andrée, le roi ne faisait que vous répéter ce que vous avait dit la reine.

— La reine, Madame, répondit Charny d'une voix tremblante, ne m'avait pas même fait l'honneur de m'adresser la parole à ce sujet, et voilà pourquoi ce souvenir du roi me toucha si profondément, que me voyant éclater en larmes, il me dit : Allons, allons, monsieur de Charny, j'ai eu tort peut-être de vous parler de cela, mais j'agis presque toujours sous l'inspiration de mon cœur, et mon cœur m'a dit de faire ce que j'ai fait. Retournez près de notre chère Andrée, comte, car si les gens que nous aimons ne peuvent pas nous consoler, ils peuvent pleurer avec nous et nous pleurer avec eux, ce qui est toujours un grand allégement.

—Et voilà comment, continua Charny, je suis venu, par ordre du roi, Madame, ce qui fait que vous m'excuserez, peut-être.

— Ah monsieur, s'écria Andrée en se levant vivement et en tendant ses deux mains à Charny, en doutez-vous?

Charny saisit vivement ses deux mains entre les siennes, et y porta ses lèvres.

Andrée jeta un cri comme si ces lèvres eussent été un fer rouge, et retomba sur le canapé.

Mais comme ses mains crispées s'étaient attachées à celles du comte de Charny, en retombant sur le canapé, elle entraîna Charny qui, sans qu'elle l'eût voulut, sans qu'il l'eût voulu lui-même, se trouva auprès d'elle.

Mais en ce moment, Andrée, ayant cru entendre du bruit dans la chambre voisine, s'éloigna si vivement de Charny, que celui-ci, ne sachant à quel sentiment attribuer et ce cri poussé par la comtesse et ce brusque mouvement qu'elle avait fait, se releva vivement et se retrouva debout devant elle.

II

La Chambre à coucher.

Charny s'appuya sur le dossier du canapé en poussant un soupir.

Andrée laissa tomber sa tête sur sa main.

Le soupir de Charny ayant refoulé le sien au plus profond de sa poitrine.

Ce qui se passait en ce moment dans le cœur de la jeune femme est tout simplement une chose impossible à décrire.

Depuis quatre ans mariée à un homme qu'elle adorait, sans que cet homme, occupé sans cesse d'une autre femme, eût jamais eu l'idée du terrible sacrifice qu'elle avait fait en l'épousant. Elle avait, avec l'abnégation de son double devoir de femme et de sujette, tout vu, tout supporté, renfermé tout en elle-même. Enfin, depuis quelque temps, il lui semblait à quelques regards plus doux de son mari, à quelques mots plus durs de la reine, il lui semblait que son dévouement n'était pas tout à fait stérile. Pendant les jours qui venaient de s'écouler, jours terribles, pleins d'angoisses incessantes pour tout le monde, seule peut-être au milieu de tous ces courtisans et parmi ces serviteurs effarés, Andrée avait ressenti des commotions joyeuses et de doux frémissements : c'était quand, dans les moments suprêmes, un geste, un regard, un mot de Charny paraissait s'occuper d'elle, la cherchant avec inquiétude, la retrouvant avec joie. C'était une légère pression de main à la dérobée, communiquant un sentiment inaperçu, à cette foule qui les entourait, et faisant vivre pour eux seuls une pensée commune. Enfin c'étaient des sensations délicieuses, inconnues à ce corps de neige et à ce cœur de diamant, qui n'avait jamais connu de l'amour que ce qu'il a de douloureux, c'est-à-dire la solitude.

Et voilà que tout à coup, au moment où la pauvre créature isolée venait de retrouver son enfant et de redevenir mère, voilà que quelque chose comme une aube d'amour s'élevait à son horizon triste et sombre jusque-là ; seulement, coïncidence étrange, et qui prouvait bien que le bonheur n'était point fait pour elle, ces deux évenements se combinaient de telle façon que l'un détruisait l'autre, et qu'inévitablement le retour du mari écartait l'amour de l'enfant, ou que la présence de l'enfant tuait l'amour naissant du mari.

Voilà ce que ne pouvait deviner Charny, dans ce cri échappé à la bouche d'Andrée, dans cette main qui l'avait repoussé, et dans ce silence plein de tristesse qui succédait à ce cri si semblable à un cri de douleur, et qui, cependant, était un cri d'amour, et à ce mouvement qu'on eût cru inspiré par la répulsion et qui ne l'était que par la crainte.

Charny contempla un instant Andrée avec une expression à laquelle la jeune femme ne se fût point trompée, si elle eût levé les yeux sur son mari.

Charny poussa un soupir, et reprenant la conversation où il l'avait abandonnée :

— Que dois-je reporter au roi, madame? demanda-t-il.

Andrée tressaillit au son de cette voix, puis relevant sur le comte son œil clair et limpide :

— Monsieur, dit-elle, j'ai tant souffert depuis que j'habite la cour, que la reine ayant la bonté de me donner mon congé, j'accepte ce congé avec reconnaissance ; je ne suis point née pour vivre dans le monde, et j'ai toujours trouvé dans la solitude, sinon le bonheur, du moins le repos. les jours les plus heureux de ma vie, sont ceux que j'ai passés jeune fille au château de Tavernay, et, plus tard, ceux pendant lesquels j'ai vécu en retraite au couvent de Saint-Denis, près de cette sainte fille de France que l'on appelait Madame Louise. Mais avec votre permission, monsieur, j'habiterai ce pavillon, plein pour moi de souvenirs qui, malgré leur tristesse, ne sont point sans quelque douceur.

A cette permission qui lui était demandée par Andrée, Charny s'inclina en homme prêt, non-seulement à se rendre à une prière, mais encore à obéir à un ordre.

— Ainsi, madame, dit-il, c'est une résolution prise ?

— Oui, monsieur, répondit doucement, mais fermement Andrée.

Charny s'inclina de nouveau.

— Et maintenant, madame, dit-il, il

ne me reste à vous demander qu'une chose, c'est s'il me sera permis de venir vous y visiter?

Andrée fixa sur Charny son grand œil limpide, ordinairement calme et froid, mais cette fois, au contraire, plein d'étonnement et de douceur.

— Sans doute, monsieur, dit-elle; et comme je ne verrai personne, lorsque les devoirs que vous avez à remplir aux Tuileries vous permettront de perdre quelques instants, je vous serai toujours reconnaissante de me les consacrer, si courts qu'ils soient.

Jamais Charny n'avait vu tant de charme dans le regard d'Andrée, jamais il n'avait remarqué cet accent de tendresse dans sa voix.

Quelque chose courut dans ses veines pareil à ce frisson velouté que donne une première caresse.

Il fixa son regard sur cette place qu'il avait occupée près d'Andrée, et qui était restée vide lorsqu'il s'était relevé.

Charny eût donné une année de sa vie pour s'y asseoir sans qu'Andrée le repoussât comme elle avait fait la première fois.

Mais, timide comme un enfant, il n'osait se permettre cette hardiesse sans y être encouragé.

De son côté, Andrée eût donné, non pas une année, mais dix années pour sentir là, à ses côtés, celui qui, si longtemps, avait été éloigné d'elle.

Mais chacun d'eux ignorait l'autre, et chacun d'eux se tenait immobile et dans une attente presque douloureuse.

Charny rompit encore une fois le premier ce silence, auquel celui à qui il est permis de lire dans les cœurs pouvait donner sa véritable interprétation.

— Vous dites que vous avez beaucoup souffert depuis que vous habitez la cour, madame? dit-il; le roi n'a-t-il pas toujours eu pour vous un respect qui allait jusqu'à la vénération, et la reine une tendresse qui allait jusqu'à l'idolâtrie?

— Oh! si fait, monsieur, dit Andrée; le roi a toujours été parfait pour moi.

— Vous me permettrez de vous faire observer, madame, que vous ne répondez qu'à une partie de ma question. La reine aurait-elle été moins parfaite pour vous que ne l'a été le roi?

Les mâchoires d'Andrée se serrèrent, comme si la nature révoltée se refusait à une réponse. Mais enfin avec un effort :

— Je n'ai rien à reprocher à la reine, dit-elle, et je serais injuste si je ne rendais pas toute justice à Sa Majesté.

— Je vous dis cela, madame, insista Charny, parce que, depuis quelque temps, je me trompe sans doute, mais il me semble que cette amitié qu'elle vous portait a reçu quelque atteinte.

— C'est possible, monsieur, dit Andrée, et voilà pourquoi, comme j'avais l'honneur de vous le dire, je désire quitter la cour.

— Mais enfin, madame, vous serez bien seule, bien isolée?

— Ne l'ai-je pas toujours été, monsieur? répondit Andrée avec un soupir, comme enfant, comme jeune fille... et comme...

Andrée s'arrêta et vit qu'elle allait aller trop loin.

— Achevez, madame, dit Charny.

— Oh! vous m'avez devinée, monsieur; j'allais dire... et comme femme!

— Aurais-je le bonheur que vous daigneriez me faire un reproche?

— Un reproche! monsieur, reprit vivement Andrée. Et quel droit aurais-je, grand Dieu! de vous faire un reproche? Croyez-vous que j'aie oublié les circonstances dans lesquelles nous avons été unis? Tout au contraire de ceux qui se jurent, aux pieds des autels, amour réciproque, protection mutuelle, nous nous sommes jurés, nous, indifférence éternelle, séparation complète; nous n'aurions donc de reproche à nous faire que si l'un de nous avait oublié son serment.

Un soupir refoulé par les paroles d'Andrée retomba sur le cœur de Charny.

— Je vois que votre résolution est arrêtée, madame, dit-il; mais, au moins, me permettrez-vous de m'inquiéter de la façon dont vous allez vivre ici. Ne serez-vous pas bien mal?

Andrée sourit tristement.

— La maison de mon père était si pauvre, dit-elle, que, près d'elle, ce pavillon, tout dénué qu'il vous paraisse, est meublé avec un luxe auquel je n'ai point été habituée.

— Mais, cependant, cette charmante retraite de Trianon, ce palais de Versailles ?

— Oh ! je savais bien, monsieur, que je ne faisais qu'y passer.

— Aurez-vous au moins tout ce qui vous est nécessaire ?

— J'y retrouverai tout ce que j'avais autrefois.

— Voyons, dit Charny qui voulait se faire une idée de cet appartement qu'allait habiter Andrée, et qui commençait à regarder autour de lui.

— Que voulez-vous voir, Monsieur ? demanda Andrée en se levant vivement et en jetant un regard rapide et inquiet vers la chambre à coucher.

—Mais si vous ne mettez pas trop d'humilité dans vos désirs, ce pavillon n'est vraiment pas une demeure, madame ; j'ai traversé une antichambre, me voici dans le salon ; cette porte, — et il ouvrit une porte latérale, — oui, cette porte donne dans une salle à manger. Et celle-ci ?

Andrée s'élança entre le comte de Charny et la porte vers laquelle il s'avançait et derrière laquelle, en pensée, elle voyait Sébastien.

— Monsieur, s'écria-t-elle, je vous supplie, pas un pas de plus.

— Et ses bras étendus fermaient le passage.

— Oui, je comprends, dit Charny avec un soupir; celle-ci est celle de votre chambre à coucher.

— Oui, Monsieur, balbutia Andrée d'une voix étouffée.

Charny regarda la comtesse, elle était tremblante et pâle; jamais l'effroi ne s'était manifesté par une expression plus réelle que celle qui venait de se répandre sur son visage.

— Ah! Madame, murmura-t-il avec une voix pleine de larmes, je savais que vous ne m'aimiez pas, mais j'ignorais que vous me haïssiez tant.

Et comme s'il eût été incapable de rester plus longtemps près d'Andrée sans éclater, il chancela un instant comme un homme ivre, et, rappelant toutes ses forces, il s'élança hors de l'appartement avec un cri de douleur qui retentit jusqu'au fond du cœur d'Andrée.

Andrée le suivit des yeux jusqu'à ce qu'il eût disparu ; Andrée demeura l'oreille tendue tant qu'elle pût entendre le bruit de sa voiture qui allait s'éloignant, perdu dans le lointain ; puis, comme elle sentait son cœur prêt à se briser et qu'elle comprenait qu'elle n'avait pas trop de l'amour maternel pour combattre cet autre amour, elle s'élança dans la chambre à coucher en criant :

— Sébastien! Sébastien!

Mais aucune voix ne répondit à la sienne, et à ce cri de douleur elle demanda en vain un écho consolant.

A la lueur de la veilleuse qui éclairait la chambre, elle regarda anxieusement autour d'elle, et elle s'aperçut que la chambre était vide.

Et cependant elle avait peine à en croire ses yeux.

Une seconde fois elle appela : Sébastien! Sébastien!

Même silence.

Ce fut alors seulement qu'elle reconnut que la fenêtre était ouverte et que l'air extérieur, en pénétrant dans la chambre, faisait trembler la flamme de la veilleuse.

C'était cette même fenêtre qui avait déjà été trouvée ouverte lorsque, quinze ans auparavant, l'enfant avait disparu pour la première fois.

— Ah! c'est juste, s'écria-t-elle, ne m'a-t-il pas dit que je n'étais pas sa mère!

Alors, comprenant qu'elle perdait tout à la fois enfant et mari, au moment où elle avait failli tout retrouver, Andrée se jeta la face sur son lit, les bras étendus, les mains crispées. Elle était à bout de sa force, à bout de sa résignation, à bout de ses prières.

Elle n'avait plus que des cris, des larmes, des sanglots, et un immense sentiment de sa douleur.

Une heure à peu près se passa dans cet anéantissement profond, dans cet oubli du monde entier, dans ce désir de destruction universelle qui vient aux malheureux, dans l'espérance qu'en rentrant dans le néant le monde les y entraînera avec eux.

Tout à coup il sembla à Andrée que quelque chose de plus terrible encore que sa douleur se glissait entre cette douleur et ses larmes ; une sensation qu'elle n'avait éprouvée que trois ou quatre fois encore, et qui avait toujours précédé les cris suprêmes de son existence, envahit

lentement tout ce qui restait de vivant
en elle. Par un mouvement presque in-
dépendant de sa volonté, elle se redressa
lentement ; sa voix, frémissante dans sa
gorge, s'éteignit ; tout son corps, comme
attiré involontairement, pivota sur lui-
même, ses yeux, à travers l'humide
brouillard de ses larmes, crurent dis-
tinguer qu'elle n'était plus seule, son
regard, en se séchant, se fixa et s'éclair-
cit. Un homme, qui paraissait avoir franchi l'appui de la croisée pour pénétrer
dans la chambre, était debout devant
elle. Elle voulut appeler, crier, étendre
la main vers le cordon d'une sonnette,
mais ce fut chose impossible, elle venait
de ressentir cet engourdissement invincible qui autrefois lui signalait la pré-

sence de Balsamo ; enfin, dans cet homme
debout devant elle et la fascinant du regard, elle avait reconnu Gilbert.

Comment Gilbert, ce père exécré, se
trouvait-il à la place du fils bien-aimé
qu'elle y cherchait?

C'est ce que nous allons tâcher d'ex-
pliquer au lecteur.

III

Un Chemin connu.

C'était bien le docteur Gilbert qui était enfermé avec le roi au moment où, d'après l'ordre d'Isidore et sur la demande de Sébastien, l'huissier s'était informé.

Au bout d'une demi-heure à peu près,

Gilbert sortit. Le roi prenait de plus en plus confiance en lui. Le cœur droit du roi appréciait ce qu'il y avait de loyauté dans le cœur de Gilbert.

En sortant, l'huissier lui annonça qu'il était attendu dans l'antichambre de la reine.

Il venait de s'engager dans le corridor qui y conduisait, lorsqu'il vit une porte de dégagement s'ouvrir et se refermer à quelques pas de lui en donnant passage à un jeune homme qui, sans doute, ignorant des localités, hésitait à prendre à droite ou à gauche.

Il vit Gilbert venir à lui et s'arrêta pour l'interroger.

Tout à coup Gilbert s'arrêta lui-même, la flamme d'un quinquet frappait droit sur la figure du jeune homme.

— Monsieur Isidore de Charny, s'écria Gilbert.

— Le docteur Gilbert, répondit Isidore.

— Était-ce vous qui me faisiez l'honneur de me demander?

— Justement, oui, docteur, moi, et puis quelqu'un encore.

— Qui cela?

— Quelqu'un, continua Isidore, que vous aurez plaisir à revoir, du moins.

— Serait-il indiscret de vous demander qui cela?

— Non, mais ce serait cruel de vous arrêter plus longtemps. Venez, ou plutôt conduisez-moi dans cette partie des antichambres de la reine qu'on appelle le salon vert.

— Ma foi, dit Gilbert en souriant, je ne suis guère plus fort que vous sur la topographie des palais, et surtout sur celle du palais des Tuileries: mais je vais essayer cependant d'être votre guide.

Gilbert passa le premier, et, après quelques tâtonnements, poussa une porte.

Cette porte donnait dans le salon vert.

Seulement le salon vert était vide.

Isidore chercha des yeux autour de lui et appela un huissier ; la confusion était si grande encore au palais, que, contre toutes les règles d'étiquette, il n'y avait pas d'huissier dans l'antichambre.

— Attendons un instant, dit Gilbert, cet homme ne peut être loin, et, en attendant, Monsieur, à moins que quelque chose ne s'oppose à cette confidence, dites-moi, je vous prie, qui m'attendait.

Isidore regarda avec inquiétude autour de lui.

— Ne devinez-vous pas? dit-il.

— Non.

— Quelqu'un que j'ai rencontré sur la route, qui, inquiet de ce qui pouvait vous être arrivé, venait à pied à Paris, que j'ai pris en croupe et que j'ai amené ici.

— Vous ne voulez point parler de Pitou?

— Non, docteur, je veux parler de votre fils, de Sébastien.

— De Sébastien, s'écria Gilbert, eh bien! mais où est-il?

Et son œil parcourut rapidement tous les angles du vaste salon.

— Il était ici, il avait promis de m'attendre ; sans doute l'huissier à qui je l'avais recommandé, ne voulant pas le laisser seul, l'aura emmené avec lui.

En ce moment l'huissier rentra, il était seul.

— Qu'est devenu le jeune homme que j'avais laissé ici? demanda Isidore.

— Quel jeune homme? fit l'huissier.

Gilbert avait une énorme puissance sur lui-même, il se sentit frissonner, mais se contint.

Il s'approcha à son tour.

— Ah! mon Dieu! ne put s'empêcher de murmurer le baron de Charny en proie à un commencement d'inquiétude.

— Voyons, Monsieur, dit Gilbert d'une voix ferme, rappelez bien tous vos souvenirs ; cet enfant c'est mon fils, il ne connaît point Paris, et si par malheur il est sorti du château, comme il ne connaît point Paris, il court risque de se perdre.

— Un enfant? dit un second huissier en entrant.

— Oui, un enfant, déjà presque un jeune homme.

— D'une quinzaine d'années?

— C'est cela.

— Je l'ai aperçu par les corridors suivant une dame qui sortait de chez Sa Majesté.

— Et cette dame, savez-vous qui elle était?

— Non, elle portait sa mante rabattue sur ses yeux.

— Mais enfin, que faisait-elle?

— Elle paraissait fuir et l'enfant la poursuivait en criant : Madame!

— Descendons, dit Gilbert, le concierge nous dira s'il est sorti.

Isidore et Gilbert s'engagèrent dans le même corridor où, une heure auparavant, avait passé Andrée, poursuivie par Sébastien.

On arriva à la porte de la cour des Princes.

On interrogea le concierge.

— Oui, en effet, répondit-il, j'ai vu une femme qui marchait si rapidement qu'elle semblait fuir, un enfant venait après elle, elle a monté en voiture, l'enfant s'est élancé et l'a rejoint.

— Eh bien! après? demanda Gilbert.

— Eh bien! la dame a attiré l'enfant dans la voiture, l'a embrassé ardemment, a donné son adresse, a refermé la portière, et la voiture est partie.

— Avez-vous retenu cette adresse? demanda avec anxiété Gilbert.

— Oui, parfaitement, rue Coq-Héron,

n° 9, la première porte cochère en partant de la rue Plâtrière.

Gilbert tressaillit.

— Eh mais! dit Isidore, cette adresse est celle de ma belle-sœur, la comtesse de Charny.

— Fatalité! murmura Gilbert.

A cette époque-là on était trop philosophe pour dire Providence!

Puis tout bas il ajouta :

— Il l'aura reconnue.

— Eh bien! dit Isidore, allons chez la comtesse de Charny.

Gilbert comprit dans quelle situation

il allait mettre Andrée, s'il se présentait chez elle avec le frère de son mari.

— Monsieur, dit-il, du moment où mon fils est chez madame la comtesse de Charny, il est en sûreté ; et comme j'ai l'honneur de la connaître, je crois qu'au lieu de m'accompagner, il serait plus à propos que vous vous missiez en route ; car, d'après ce que j'ai entendu dire chez le roi, je présume que c'est vous qui partez pour Turin.

— Oui, Monsieur.

— Eh bien! alors, recevez mes remercîments de ce que vous avez bien voulu faire pour Sébastien, et partez sans perdre une minute.

— Cependant... docteur.

— Monsieur, du moment où un père vous dit qu'il est sans inquiétude, partez ; quelque part que se trouve maintenant Sébastien, soit chez la comtesse de Charny, soit ailleurs, soyez tranquille, Sébastien se retrouvera.

— Allons, puisque vous le voulez, docteur.

— Je vous en prie.

Isidore tendit la main au docteur, qui la lui serra avec plus de cordialité qu'il n'avait coutume de le faire aux hommes de sa caste ; et tandis qu'Isidore rentrait au château, il gagna la place du Carrousel, s'engagea dans la rue de Chartres, traversa diagonalement la place du Palais-Royal, longea la rue Saint-Honoré, et perdu un instant dans ce dédale de petites rues qui aboutissent à la Halle, il se retrouva à l'angle des deux rues.

C'étaient la rue Plâtrière et la rue Coq-Héron.

Ces rues avaient toutes deux pour Gilbert de terribles souvenirs : là, bien souvent, à cet endroit même où il était, son cœur avait battu peut-être plus violemment encore qu'il ne battait à cette heure ; aussi parut-il hésiter un instant entre les deux rues, mais il se décida promptement et prit la rue Coq-Héron.

La porte d'Andrée, cette porte cochère

du n° 9, lui était bien connue ; aussi ne fut-ce point parce qu'il craignait de se tromper qu'il ne s'y arrêta point ; non, il était évident qu'il cherchait un prétexte pour pénétrer dans cette maison, et que n'ayant point trouvé ce prétexte, il cherchait un moyen.

La porte qu'il avait poussée pour voir si, par un de ces miracles que fait parfois le hasard en faveur des gens embarrassés, elle n'était pas ouverte, avait résisté.

Il longea le mur.

Le mur avait dix pieds de haut.

Cette hauteur, il la connaissait bien ; mais il cherchait si quelque charrette, oubliée par un voiturier le long de ce mur, ne lui donnait pas un moyen de gagner le faîte.

Une fois arrivé au faîte, leste et vigoureux comme il était, il eût facilement sauté à l'intérieur.

Il n'y avait point de charrette contre la muraille.

Par conséquent aucun moyen d'entrer.

Il se rapprocha de la porte, étendit la main sur le marteau, souleva ce marteau; mais, secouant la tête, il le laissa retomber doucement, et sans qu'aucun bruit s'éveillât sous sa main.

Il était évident qu'une idée nouvelle,

ramenant une espérance presque perdue, venait de jeter une lueur dans son esprit.

— Au fait, murmura-t-il, c'est possible.

Et il remonta vers la rue Plâtrière, dans laquelle il s'engagea à l'instant même.

En passant, il jeta un regard et un soupir sur cette fontaine où, seize ans auparavant, il était venu plus d'une fois tremper le pain noir et dur qu'il tenait de la générosité de Thérèse et de l'hospitalité de Rousseau.

Rousseau était mort, Thérèse était morte; lui avait grandi, lui était arrivé à la considération, à la réputation, à la fortune. Hélas! était-il plus heureux, moins agité, moins plein d'angoisses présentes et à venir, qu'il ne l'était au temps où, brûlé d'une folle passion, il venait tremper son pain à cette fontaine?

Il continua son chemin.

Enfin il s'arrêta sans hésitation devant une porte d'allée dont la partie supérieure était grillée.

Il paraissait être arrivé à son but.

Un instant cependant il s'appuya contre la muraille, soit que la somme de souvenirs que lui rappelait cette petite porte fût prête à l'écraser, soit qu'arrivé à cette porte avec une espérance, il craignit d'y trouver une déception.

Enfin il promena la main sur cette porte, et, avec un sentiment inexprimable de joie, il sentit, à l'orifice d'un petit trou rond, poindre le cordonnet à l'aide duquel, dans la journée, on ouvrait cette porte.

Gilbert se rappelait que parfois, la nuit, on oubliait de tirer ce cordonnet en dedans, et qu'un soir qu'attardé il venait hâtivement à la mansarde qu'il occupait chez Rousseau, il avait profité de cet oubli pour rentrer et regagner son lit.

Comme autrefois, la maison, à ce qu'il

paraissait, était occupée par des gens assez pauvres pour ne pas craindre les voleurs. La même insouciance avait amené le même oubli.

Gilbert tira le cordonnet : la porte s'ouvrit, et il se trouva dans l'allée noire et humide au bout de laquelle, comme un serpent se tenant debout sur sa queue, se dressait l'escalier glissant et visqueux.

Gilbert referma la porte avec soin, et, en tâtonnant, gagna les premières marches de cet escalier.

Quand il eut monté dix marches, il s'arrêta.

Une faible lueur, pénétrant à travers

une vitre sale, indiquait que la muraille était percée à cet endroit, et que la nuit, bien sombre cependant, était moins sombre dehors que dedans.

A travers cette vitre, si ternie qu'elle fût, on voyait briller les étoiles dans une éclaircie du ciel.

Gilbert chercha le petit verrou qui fermait la vitre, l'ouvrit, et, par le même chemin qu'il avait déjà suivi deux fois, il descendit dans le jardin.

Malgré les quinze ans écoulés, le jardin était si présent à la mémoire de Gilbert, qu'il reconnut tout, allées, arbres, plates-bandes, et jusqu'à l'angle garni d'une vigne, où le jardinier posait son échelle.

Il ignorait si, à cette heure de la nuit, les portes étaient fermées, il ignorait si M. de Charny était près de sa femme, ou, à défaut de M. de Charny, quelque domestique ou quelque femme de chambre.

Résolu à tout pour retrouver Sébastien, il n'en avait pas moins arrêté dans son esprit qu'il ne compromettrait Andrée qu'à la dernière extrémité, il ferait d'abord tout ce qu'il pourrait pour la voir seule.

Son premier essai fut sur la porte du perron, il pressa le bouton de la porte et la porte céda.

Il en augura que puisque la porte

n'était point fermée, Andrée ne devait point être seule.

A moins de grande préoccupation, une femme qui habite seule un pavillon ne néglige point d'en fermer la porte.

Il la tira doucement et sans bruit, heureux de savoir cependant que cette entrée lui restait comme dernière ressource.

Il descendit les marches du perron et alla appliquer son œil à cette persienne qui, quinze ans auparavant, s'ouvrant tout-à-coup sous la main d'Andrée, était venue le heurter au front cette nuit où les cent mille écus de Balsamo à la main, il venait offrir à la hautaine fille de l'épouser.

Cette persienne était celle du salon.

Le salon était éclairé.

Mais comme des rideaux tombaient devant les vitres, il était impossible de rien voir à l'intérieur.

Gilbert continua sa ronde.

Tout-à-coup il lui sembla voir trembler sur la terre et sur les arbres une faible lueur venant d'une fenêtre ouverte.

Cette fenêtre ouverte, c'était celle de la chambre à coucher, cette fenêtre, il la reconnaissait aussi, car c'était par elle qu'il avait enlevé cet enfant qu'aujourd'hui il venait chercher.

Il s'écarta afin de sortir du cercle de lumière projeté par la fenêtre et de pouvoir, perdu dans l'obscurité, voir sans être vu.

Arrivé sur une ligne qui lui permettait de plonger son regard dans l'intérieur de la chambre, il vit d'abord la porte du salon ouverte, puis dans le cercle que parcourut son œil, son œil rencontra le lit.

Sur le lit était une femme raidie, échevelée, mourante; des sons rauques et gutturaux, comme ceux d'un râle mortel, s'échappaient de sa bouche, interrompus de temps en temps par des cris et des sanglots.

Gilbert s'approcha lentement en contournant cette ligne lumineuse dans laquelle il hésitait à entrer peur d'être vu.

Il finit ainsi par appuyer sa tête pâle à l'angle de cette fenêtre.

Il n'y avait plus de doute pour Gilbert, cette femme était Andrée, et Andrée était seule.

Mais comment Andrée était-elle seule, pourquoi Andrée pleurait-elle ? c'était ce que Gilbert ne pouvait savoir qu'en l'interrogeant.

Ce fut alors que sans bruit il franchit la fenêtre, et se trouva derrière elle au moment où cette attraction magnétique à laquelle Andrée était si accessible, la força de se retourner.

Les deux ennemis se retrouvaient donc encore une fois en présence.

IV

Ce qu'était devenu Sébastien.

Le premier sentiment d'Andrée, en apercevant Gilbert, était non-seulement une terreur profonde, mais une répugnance invincible.

Pour elle, le Gilbert américain, le Gilbert de Washington et de La Fayette, aristocratisé par la science, par l'étude et par le génie, était toujours ce misérable petit Gilbert, gnome terreux perdu dans les massifs de Trianon.

Au contraire, de la part de Gilbert, il y avait pour Andrée, malgré les mépris, malgré les injures, malgré les persécutions, mêmes de celle-ci, non plus cet amour ardent qui avait fait commettre un crime au jeune homme, mais cet intérêt tendre et profond, qui eût poussé l'homme à lui rendre un service même au péril de sa vie.

C'est que dans ce sens intime dont la nature avait doué Gilbert dans cette justice immuable qu'il avait reçu de l'éducation, il s'était jugé lui-même, il

avait compris que tous les malheurs
d'Andrée venaient de lui, et qu'il ne
serait quitte avec elle que lorsqu'il lui
aurait rendu une somme de félicité
égale à la somme d'infortune qu'elle
lui devait.

Or, en quoi et comment Gilbert pouvait-il d'une façon bienfaisante influer
sur l'avenir d'Andrée.

C'est ce qu'il lui était impossible de
comprendre.

En trouvant donc cette femme, qu'il
avait vue en proie à tant de désespoir,
en proie à un désespoir nouveau, tout ce
qu'il y avait de fibres miséricordieuses
dans son cœur s'émut pour cette grande
infortune.

Aussi, au lieu d'user subitement de cette puissance magnétique, dont une fois déjà il avait fait l'essai sur elle, il essaya de lui parler doucement, quitte, s'il trouvait Andrée rebelle, comme toujours, à revenir à ce moyen correctif qui ne pouvait lui échapper.

Il en résulta qu'Andrée, enveloppée tout d'abord du fluide magnétique, sentit que peu à peu, par la volonté, et nous dirons presque avec la permission de Gilbert, ce fluide se dissipait pareil à un brouillard qui s'évapore et qui permet aux yeux de plonger dans de lointains horizons.

Ce fut elle la première qui prit la parole.

— Que me voulez-vous, monsieur, dit-elle, comment êtes-vous ici, par où êtes-vous venu?

— Par où je suis venu? madame, répondit Gilbert, par où je venais autrefois; ainsi soyez donc tranquille, personne ne m'a vu, personne ne soupçonne ma présence ici.

Comment je suis venu? je suis venu parce que j'avais à vous réclamer un trésor, indifférent à vous, précieux à moi, mon fils.

Ce que je veux! je veux que vous me disiez où est ce fils que vous avez entraîné à votre suite, emporté dans votre voiture et amené ici.

— Ce qu'il est devenu, reprit Andrée le sais-je il m'a fui, vous l'avez si bien habitué à haïr sa mère.

— Sa mère, madame, êtes-vous réellement sa mère.

— Oh! s'écria Andrée, il voit ma douleur, il a entendu mes cris, il a contemplé mon désespoir et il me demande si je suis sa mère!

— Alors vous ignorez donc où il est?

— Mais puisque je vous dis qu'il a fui, qu'il était dans cette chambre, que j'y suis rentrée, croyant l'y rejoindre et que j'ai trouvé cette fenêtre ouverte et la chambre vide.

— Oh! mon Dieu, s'écria Gilbert, où

sera-t-il allé ! Le malheureux ne connait point Paris et il est minuit passé ?

— Oh ! s'écria à son tour Andrée, en faisant un pas vers Gilbert, croyez-vous qu'il lui soit arrivé malheur.

— C'est ce que nous allons savoir, dit Gilbert, c'est ce que vous allez me dire.

Et il étendit sa main vers Andrée.

— Monsieur, monsieur, s'écria celle-ci en reculant pour se soustraire à l'influence magnétique.

— Madame dit Gilbert, ne craignez rien, c'est une mère que je vais interroger sur ce qu'est devenu son fils, vous m'êtes sacrée.

Andrée poussa un soupir et tomba sur un fauteuil en murmurant le nom de Sébastien.

— Dormez, dit Gilbert, mais toute endormie que vous êtes, voyez avec le cœur.

— Je dors, dit Andrée.

— Dois-je employer toute la force de ma volonté, demanda Gilbert, ou êtes-vous disposée à répondre volontairement.

— Direz-vous encore à mon enfant que je ne suis pas sa mère

— C'est selon, l'aimez-vous ?

— Oh ! il demande si je l'aime, cet enfant de mes entrailles ! Oh ! oui je l'aime et ardemment.

— Alors vous êtes sa mère comme je suis son père, madame, puisque vous l'aimez comme je l'aime.

— Ah! fit Andrée respirant.

— Ainsi, reprit Gilbert vous allez répondre volontairement?

— Me permettrez-vous de le revoir quand vous l'aurez retrouvé.

— Ne vous ai-je pas dit que vous étiez sa mère comme j'étais son père. Vous aimez votre enfant, madame, vous reverrez votre enfant.

— Merci, dit Andrée avec une indicible expression de joie et en frappant ses mains l'une contre l'autre, maintenant interrogez.

Je vois seulement...

— Quoi ?

— Suivez-le depuis son départ afin que je sois plus sûre de ne pas perdre sa trace.

— Soit, où vous a-t-il vue ?

— Dans le salon vert.

— Où vous a-t-il suivie ?

— A travers les corridors.

— Où vous a-t-il rejoint.

— Au moment où je montais en voiture.

— Où l'avez-vous conduit ?

— Dans le salon, le salon à côté.

— Où s'est-il assis ?

— Près de moi sur le canapé.

— Y est-il resté longtemps ?

— Une demi-heure à peu près.

— Pourquoi vous a-t-il quittée ?

— Parce que le bruit d'une voiture s'est fait entendre.

— Qui était dans cette voiture ?

Andrée hésita.

— Qui était dans cette voiture, répéta Gilbert, d'un ton plus ferme et avec une volonté plus forte ?

— Le comte de Charny.

— Où avez vous caché l'enfant ?

— Je l'ai poussé dans cette chambre.

— Que vous a-t-il dit en y entrant ?

— Que je n'étais plus sa mère.

— Et pourquoi vous a-t-il dit cela ?

Andrée se tut.

— Pourquoi vous a-t-il dit cela ? Parlez, je le veux.

— Parce que je lui ai dit...

— Que lui avez-vous dit...

— Parce que je lui ai dit, Andrée fit un effort, que vous êtes un misérable et un infame.

—Regardez au cœur du pauvre enfant, madame et rendez-vous compte du mal que vous lui avez fait.

—Oh! mon Dieu, mon Dieu! murmura Andrée, pardon mon enfant, pardon !

— M. de Charny se doutait-il que l'enfant fût ici ?

— Non.

— Vous en êtes sûre.

— Oui.

— Pourquoi n'est-il pas resté alors.

— Parce que M. de Charny ne reste pas chez moi.

— Que venait-il y faire alors ?

Andrée demeura un instant pensive les yeux fixes comme si elle essayait de voir dans l'obscurité.

— Oh! dit-elle, mon Dieu, mon Dieu! Olivier, cher Olivier.

Gilbert la regarda avec étonnement.

— Oh! malheureuse que je suis, murmura Andrée... il revenait à moi, c'était pour rester près de moi qu'il avait refusé cette mission; il m'aime, il m'aime!...

Gilbert començait à lire confusément dans ce drame terrible, où son œil pénétrait le premier.

— Et vous, demanda-t-il, l'aimez-vous?

Andrée soupira.

— L'aimez-vous ? répéta Gilbert.

— Pourquoi me faites-vous cette question ? demanda Andrée.

— Lisez dans ma pensée.

— Ah! oui, je le vois, votre intention est bonne, vous voudriez me rendre assez de bonheur pour me faire oublier le mal que vous m'avez fait; mais je refuserais le bonheur s'il devait me venir par vous : je vous hais et je veux continuer de vous haïr.

— Pauvre humanité! murmura Gilbert, t'est-il donc départi une si grande somme de félicité que tu puisses choisir ceux dont tu dois la recevoir !

— Ainsi vous l'aimez? ajouta Gilbert.

— Oui.

— Depuis quand?

— Depuis le moment où je l'ai vu, depuis le jour où il est revenu de Paris à Versailles dans la même voiture que la reine et moi.

— Ainsi vous savez ce que c'est que l'amour, Andrée? murmura tristement Gilbert.

— Je sais que l'amour a été donné à homme, répondit la jeune femme, pour qu'il ait la mesure de ce qu'il peut souffrir.

— Eh bien ! vous voilà femme, vous voilà mère. Diamant brut, vous vous êtes enfin façonnée aux mains de ce terrible lapidaire qu'on appelle la douleur. Revenons à Sébastien.

— Oui, oui, revenons à lui ; défendez-moi de penser à M. de Charny, cela me trouble, et au lieu de suivre mon enfant, je suivrais peut-être le comte.

— C'est bien. Épouse, oublie ton époux ; mère, ne pense qu'à ton enfant.

Cette expression de moite douceur qui s'était un instant emparée, non-seulement de la physionomie, mais encore de toute la personne d'Andrée, disparut pour faire place à son expression habituelle.

— Où était-il pendant que vous causiez avec M. de Charny ?

— Il était ici, écoutant. Là, là, à la porte.

— Qu'a-t-il entendu de cette conversation ?

— Toute la première partie.

— A quel moment s'est-il décidé à quitter cette chambre ?

— Au moment où M. de Charny...

Andrée s'arrêta.

— Au moment où M. de Charny? répéta impitoyablement Gilbert.

— Au moment où M. de Charny m'ayant baisé la main, je jetai un cri.

— Vous le voyez bien, alors?

— Oui. Je le vois avec son front plissé, ses lèvres crispées, un de ses poings fermés sur sa poitrine.

— Suivez-le donc des yeux, et à partir de ce moment ne songez plus qu'à lui et ne le perdez pas de vue.

— Je le vois, je le vois, dit Andrée.

— Que fait-il?

— Il regarde autour de lui s'il n'existe

pas une porte donnant sur le jardin, puis, comme il n'en voit pas, il va à la fenêtre, l'ouvre, regarde une dernière fois du côté du salon, franchit l'appui de la fenêtre, et disparaît.

— Suivez-le dans l'obscurité.

— Je ne puis pas.

Gilbert s'approcha d'Andrée et passa la main devant ses yeux.

— Vous savez bien qu'il n'y a pas de nuit pour vous, dit-il : voyez.

— Ah ! le voici, courant par l'allée qui longe le mur ; il gagne la grande porte, l'ouvre sans que personne le voie, s'élance vers la rue Plâtrière... Ah ! il s'arrête, il parle à une femme qui passe.

— Ecoutez-bien, dit Gilbert, et vous entendrez ce qu'il demande.

— J'écoute.

— Et que demande-t-il?

— Il demande la rue Saint-Honoré.

— Oui ; c'est là où je demeure. Il sera rentré chez moi, il m'attend. Pauvre enfant!

Andrée secoua la tête.

— Non, dit-elle avec une expression visible d'inquiétude, non, il n'est pas rentré, non, il n'attend pas.

— Mais où est-il, alors ?

— Laissez-moi donc le suivre, ou je vais le perdre.

— Oh ! suivez-le, suivez-le, s'écria Gilbert, comprenant qu'Andrée devinait quelque malheur.

— Ah ! dit-elle, je le vois, je le vois.

— Bien.

— Le voilà qui entre dans la rue Grenelle... le voilà qui entre dans la rue Saint-Honoré..... il traverse, toujours courant, la place du Palais-Royal ; il demande de nouveau son chemin... de nouveau il s'élance... le voilà à la rue de Richelieu... le voilà à la rue des Fron-

deurs... le voilà à la rue Saint-Roch...
Arrête-toi, enfant, arrête-toi, malheureux ! Sébastien, Sébastien ! ne vois-tu pas cette voiture qui vient par la rue de la Sourdière. Je la vois, moi, je la vois... les chevaux... Ah !.....

Andrée jeta un cri terrible, se dressa tout debout, l'angoisse maternelle peinte sur son visage, où roulaient à la fois, en larges gouttes, la sueur et les larmes.

— Oh ! s'écria Gilbert, s'il lui arrive malheur, souviens-toi que ce malheur retombera sur ta tête !

— Ah ! fit Andrée respirant, sans écouter, sans entendre ce que disait Gilbert; ah ! Dieu du ciel soyez loué !... la poitrine du cheval l'a heurté et l'a jeté de côté, hors du rayon de la roue... Le voilà là, tombé, étendu sans connaissance, mais il n'est pas mort, oh! non! non, il n'est pas mort... évanoui, évanoui seulement... Du secours!... du secours!... C'est mon enfant!... c'est mon enfant!...

Et avec un cri déchirant, Andrée retomba presque évanouie elle-même sur son fauteuil.

Quel que fût le désir de Gilbert d'en savoir davantage, il accorda à Andrée, haletante, ce repos d'un instant dont elle avait tant besoin.

Il craignait qu'en la poussant plus loin, une fibre se rompît dans son cœur ou qu'une veine éclatât dans son cerveau.

Mais dès qu'il pensa pouvoir l'interroger sans danger :

— Eh bien ? lui demanda-t-il.

— Attendez, attendez ! répondit Andrée ; il s'est fait un grand cercle autour de lui. Oh ! par grâce, laissez-moi passer, laissez-moi voir ! C'est mon fils ! c'est mon Sébastien ! Oh ! mon Dieu ! n'y a-t-il point parmi vous tous un chirurgien ou un médecin ?

— Oh ! j'y cours ! s'écria Gilbert.

— Attendez, attendez ! dit Andrée, l'arrêtant par le bras. Voici la foule qui s'écarte ; sans doute c'est celui qu'on appelle, sans doute c'est celui qu'on attend. Venez, venez! monsieur; vous voyez bien qu'il n'est pas mort! vous voyez bien qu'on peut le sauver! Ah!...

Et poussant une exclamation qui ressemblait à un cri d'effroi :

— Oh! s'écria-t-elle.

— Qu'y a-t-il? mon Dieu! demanda Gilbert.

— Je ne veux pas que cet homme touche mon enfant! criait Andrée. Ce n'est pas un homme, c'est un nain, c'est un gnome, c'est un vampire! Oh! hideux! hideux!

— Madame, madame! murmura Gilbert tout en frissonnant ; au nom du ciel ne perdez point Sébastien de vue.

— Oh ! répondit Andrée l'œil fixe, la lèvre frémissante, le doigt tendu, soyez tranquille, je le suis, je le suis !

— Qu'en fait-il, cet homme ?

— Il l'emporte, il remonte la rue de la Sourdière, il entre à gauche dans l'impasse Saint-Hyacinthe ; il s'approche d'une porte basse restée entr'ouverte, il la pousse, il se courbe, il descend un escalier, et le couche sur une table, où il y a une plume, de l'encre, des papiers manuscrits et imprimés ; il lui ôte son habit, il relève sa manche et lui serre les bras avec des bandes que lui apporte une femme sale et hideuse comme lui ; il ouvre une trousse, il en tire une lancette, il va le saigner. Oh ! je ne veux pas voir cela, je ne veux pas voir le sang de mon fils !

— Eh bien ! remontez, dit Gilbert, et comptez les marches de l'escalier.

— J'ai compté ; il y en a onze.

— Examinez la porte avec soin, et dites-moi si vous y voyez quelque chose de remarquable.

— Oui, un petit jour carré fermé par un barreau en croix.

— C'est bien ; voilà tout ce qu'il me faut.

— Courez, courez! et vous le retrouverez où j'ai dit.

— Voulez-vous vous réveiller tout de suite et vous souvenir? voulez-vous ne vous réveiller que demain matin et avoir tout oublié?

— Réveillez-moi tout de suite et que je me souvienne.

Gilbert passa, en suivant leur courbe, ses deux pouces sur les sourcils d'Andrée, lui souffla sur le front et prononça ces seuls mots :

— Réveillez-vous!

Aussitôt les yeux de la jeune femme s'animèrent, ses membres s'assouplirent; elle regarda Gilbert presque sans terreur, et continuant, éveillée, les recommandations de son sommeil :

— Oh! courez, courez! dit-elle, et tirez-le des mains de cet homme qui me fait peur.

V

L'homme de la place Louis XV.

Gilbert n'avait pas besoin d'être encouragé dans ses recherches ; il s'élança hors de la chambre, et comme il eût été trop long de reprendre le chemin par lequel il était venu, il courut droit à la porte de la rue Coq-Héron, l'ouvrit sans le secours du concierge, la tira derrière lui, et se trouva sur le pavé du roi.

Il avait parfaitement retenu l'itinéraire tracé par Andrée et s'élança sur les traces de Sébastien.

Comme l'enfant, il trouva la place du Palais-Royal et longea la rue Saint-Honoré, devenue déserte, car il était près d'une heure du matin ; arrivé au coin de la rue de la Sourdière, il appuya à droite, puis à gauche, et se trouva dans l'impasse Saint-Hyacinthe.

Là commença de sa part une inspection plus approfondie des localités.

Dans la troisième porte à droite, il reconnut à son ouverture carrée, fermée en croix par un barreau, la porte désignée par Andrée.

La désignation était si positive, qu'il n'y avait point à se tromper ; il frappa.

Personne ne répondit ; il frappa une seconde fois.

Alors il lui sembla entendre ramper le long de l'escalier et s'approcher de lui un pas craintif et soupçonneux.

Il heurta une troisième fois.

— Qui frappe? demanda une voix de femme.

— Ouvrez! répondit Gilbert, et ne craignez rien, je suis le père de l'enfant blessé que vous avez recueilli.

— Ouvre, Albertine, dit une autre voix. C'est le docteur Gilbert.

— Mon père! mon père! cria une troisième voix, dans laquelle Gilbert reconnut celle de Sébastien.

Gilbert respira.

La porte s'ouvrit, Gilbert, en balbutiant un remercîment, se précipita par les degrés.

Arrivé au bas du dernier, il se trouva dans une espèce de cave éclairée par une lampe posée sur cette table chargée de papiers imprimés et manuscrits qu'Andrée avait vus.

Dans l'ombre et couché sur une espèce de grabat, Gilbert aperçut son fils qui l'appelait les bras tendus. Si puissante que fut la force de Gilbert, sur lui-même, l'amour paternel l'emporta sur le décorum philosophique et il s'élança vers l'enfant qu'il pressa contre son cœur, tout en ayant soin de ne pas froisser son bras saignant, ni sa poitrine endolorie.

Puis, lorsque dans un long baiser paternel, lorsque par ce doux murmure des deux bouches qui se cherchent, ils se furent tout dit sans prononcer une parole. Gilbert se retourna vers son hôte qu'il avait à peine entrevu.

Il se tenait debout, les jambes écartées, une main appuyée sur la table, l'autre sur sa hanche; éclairé par la lumière de la lampe dont il avait enlevé l'abat-jour pour mieux jouir de la scène qui se passait sous ses yeux.

— Regarde, Albertine, dit-il, et remercie avec moi le hasard qui m'a permis de rendre ce service à l'un de mes frères.

Au moment où le chirurgien prononçait ces paroles, quelque peu empathiques, Gilbert se retournait, comme nous l'avons dit, et jetait un premier regard sur l'être informe, qu'il avait devant les yeux.

C'était quelque chose de jaune et de vert avec des yeux gris qui lui sortaient de la tête, un de ces paysans poursuivis par la colère de Latone, et qui, entrain d'accomplir leur métamorphose, ne sont déjà plus hommes, mais ne sont pas encore crapauds.

Gilbert frissonna malgré lui, il lui semblait comme dans un rêve hideux, comme à travers un voile de sang, avoir déjà vu cet homme.

Il se rapprocha de Sébastien et le pressa plus tendrement encore contre lui.

Cependant Gilbert triompha de ce premier mouvement et allant à l'homme étrange qu'Andrée avait vu dans son sommeil magnétique et qui l'avait si fort épouvantée.

— Monsieur, dit-il, recevez tous les remerciements d'un père à qui vous avez conservé son fils, ils sont sincères et partent du fond du cœur.

— Monsieur, répondit le chirurgien, je n'ai fait que le devoir qui m'était à la fois inspiré par mon cœur et recommandé par la science. Je suis homme, et comme dit Térence, rien de ce qui est humain ne m'est étranger, d'ailleurs j'ai le cœur tendre, et je ne puis voir souffrir un insecte et par conséquent et à bien plus forte raison mon semblable.

— Aurai-je l'honneur de savoir à quel respectable philantrope j'ai l'honneur de parler ?

— Vous ne me connaissez pas, confrère, dit le chirurgien en riant d'un rire qu'il voulait rendre bienveillant et qui n'était que hideux, eh bien, moi, je vous connais, vous êtes le docteur Gilbert, l'ami de Washington et de Lafayette, il appuya d'une façon étrange sur ce dernier nom ; l'homme de l'Amérique et de la France, l'homme utopiste qui a fait sur la royauté constitutionelle de magnifiques mémoires que vous avez adressés d'Amérique à sa majesté Louis XVI, mémoires dont sa majesté Louis XVI vous a récompensé en vous envoyant à la Bastille, au moment où vous touchiez le sol de la France. Vous avez voulu le sauver en lui déblayant d'avance le chemin de l'avenir, il vous a ouvert celui d'une prison. Reconnaissance royale.

Et cette fois le chirurgien se mit à rire de nouveau, mais d'un rire terrible et menaçant.

— Si vous me connaissez, Monsieur, raison de plus pour que j'insiste sur ma demande, et que j'aie l'honneur de faire votre connaissance à mon tour.

— Oh! il y a longtemps que nous avons fait connaissance, Monsieur, dit le chirurgien, il y a vingt ans, et cela dans une nuit terrible, dans la nuit du 30 mai 1770, vous aviez l'âge de cet enfant, vous me fûtes apporté comme lui, blessé, mourant, écrasé, vous me fûtes apporté par mon maître, Rousseau, et je vous saignai, sur une table, tout entouré de cadavres et de membres coupés. Oh! dans cette nuit terrible, et c'est un bon souvenir pour moi, j'ai, grâce au fer, qui sait jusqu'où il faut entrer pour guérir jusqu'où il faut couper pour cicatriser, j'ai sauvé bien des existences.

— Oh! s'écria Gilbert, alors Monsieur, vous êtes Jean-Paul Marat, et malgré lui il recula d'un pas.

— Tu le vois Albertine, dit Marat, mon nom fait son effet.

Et il éclata dans un rire sinistre.

— Mais, reprit vivement Gilbert, pourquoi ici, pourquoi dans cette cave, pourquoi éclairé par cette lampe fumeuse. Je vous croyais médecin de M. le comte d'Artois ?

— Vétérinaire de ses écuries, vous voulez dire? répondit Marat, mais le prince a émigré, plus de prince, plus d'écurie, plus d'écuries plus de vétérinaire, d'ailleurs j'avais donné ma démission, je ne veux pas servir les tyrans.

Et le nain se redressa de toute la hauteur de sa petite taille.

— Mais enfin, dit Gilbert, pourquoi ici dans ce trou, dans cette cave.

— Pourquoi, monsieur le philosophe, parce que je suis patriote, parce que je suis pour dénoncer les ambitieux, parce que Bailly me craint, parce que Necker m'exècre, parce que Lafayette me traque, parce qu'il me fait traquer par sa garde nationale, parce qu'il a mis ma tête à prix, l'ambitieux dictateur, mais je le brave du fond de mon caveau, je le poursuis, je le dénonce le dictateur, vous savez ce qu'il vient de faire?

— Non, fit vivement Gilbert.

— Il vient de faire fabriquer au faubourg Saint-Antoine, quinze mille tabatières avec son portrait; il y a là-dessous quelque chose, à ce que je crois, hein? Aussi je prie les bons citoyens de les briser quand ils pourront se les procurer, ils y trouveront le mot du grand complot royaliste, car vous ne l'ignorez pas, tandis que le pauvre Louis XVI pleure à chaudes larmes les sottises que lui fait faire l'Autrichienne, Lafayette conspire avec la reine.

— Avec la Reine, répéta Gilbert, pensif?

— Oui, avec la Reine, vous ne direz point qu'elle ne conspire pas celle-là, elle a distribué ces jours derniers tant de cocardes blanches, que le ruban blanc en a enchéri de trois sous l'aune, la chose est sûre, je le tiens d'une des filles de la Bertin, la marchande de modes de la Reine, son premier ministre, celle qui dit, j'ai travaillé ce matin avec Sa Majesté.

— Et où dénoncez-vous tout cela? demanda Gilbert.

— Dans mon journal, dans le journal que je viens de fonder et dont j'ai déjà fait paraître vingt numéros ; dans l'*Ami du Peuple* ou le publiciste parisien, journal politique et impartial. Pour payer le papier et l'impression des premiers numéros, tenez, regardez derrière vous, j'ai vendu jusqu'aux draps et aux couvertures du lit où votre fils est couché.

Gilbert se retourna et vit qu'en effet le petit Sébastien était étendu sur le coutil éraillé d'un matelas absolument nu, où rassuré par la présence de son père, il venait de s'endormir, vaincu par la douleur et la fatigue.

Le docteur s'approcha de lui pour s'assurer si ce sommeil n'était pas un évanouissement, mais rassuré par sa respiration douce et égale, il revint à cet homme qui, sans qu'il pût s'en défendre, lui inspirait à peu près le même intérêt de curiosité que lui eût inspiré un animal sauvage, un tigre ou une hyène.

— Et quels sont vos collaborateurs dans cette œuvre gigantesque ?

— Mes collaborateurs, dit Marat, ah ! ah ! ah ! Ce sont les dindons qui vont par troupes : l'aigle marche seul. Mes collaborateurs, les voilà.

Marat montra sa tête et sa main.

— Voyez-vous cette table, continua-t-il, c'est l'atelier où Vulcain, la comparaison est bien trouvée, n'est-ce pas, où Vulcain forge la foudre. Chaque nuit j'écris huit pages in-octavo qu'on vend le matin ; huit pages, souvent cela ne me suffit pas et je double la livraison. Seize pages, c'est trop peu encore parfois ; ce que j'ai commencé en gros caractère, presque toujours je l'achève en petit. Les autres journalistes paraissent par intervalles, se relaient, se font aider ; moi pas, l'*Ami du peuple*, vous pouvez voir, la copie est là, l'*Ami du peuple* est tout entier de la même main, aussi ce n'est pas simplement un journal, non, c'est un homme, non, c'est une personnalité, non, c'est moi !

— Mais, demanda Gilbert, comment suffisez-vous à ce travail énorme ?

— Ah ! voilà, voilà le secret de la nature, c'est un pacte entre la mort et moi, je lui donne dix ans de ma vie, et elle m'accorde des jours qui n'ont pas besoin de repos, des nuits qui n'ont pas besoin de sommeil.

J'écris : j'écris la nuit, j'écris le jour; la police de Lafayette me force de vivre caché, enfermé, elle me livre corps et âme au travail, elle double mon activité ; cette vie m'a pesé d'abord, elle me plaît. Il me plaît de voir le monde misérable à travers le jour étroit et oblique de ma cave, par ce soupirail humide et sombre. Du fond de ma nuit je règne sur le monde des vivants ; je juge sans appel la science et la politique ; d'une main je démolis Newton, Francklin, Laplace, Monge, Lavoisier ; de l'autre j'ébranle Bailly, Necker, Lafayette ; je renverserai tout cela ; oui, comme Samson a renversé le temple, et sous les débris qui m'écraseront peut-être moi-même, j'ensevelirai la royauté.

Gilbert frissonna malgré lui, cet homme lui répétait dans une cave et sous les haillons de la misère, à peu près ce que Cagliostro sous ses habits brodés lui avait dit dans un palais.

— Mais, dit-il, pourquoi populaire comme vous l'êtes, n'avez-vous pas essayé de vous faire nommer à l'Assemblée nationale?

— Parce que le jour n'est pas encore venu, dit Marat.

Puis exprimant un regret.

— Oh! si j'étais tribun du peuple, ajouta-t-il presque aussitôt, si j'étais soutenu par quelques milliers d'hommes déterminés, je réponds que sous six semaines la Constitution serait parfaite, que la machine politique marcherait au mieux, qu'aucun fripon n'oserait la déranger, que la nation serait libre et heureuse, qu'en moins d'une année elle redeviendrait florissante et redoutable et qu'elle resterait ainsi tant que je vivrais.

Et la vaniteuse créature se transformait sous le regard de Gilbert, son œil s'infiltrait de sang, sa peau jaune luisait de sueur, il était grand de sa hideur, comme un autre est grand de sa beauté.

— Oui, mais continua-t-il, reprenant sa pensée où l'enthousiasme l'avait interrompu, oui, mais je ne suis pas tribun, mais je n'ai pas ces quelques milliers d'hommes dont j'aurais besoin. Non, mais je suis journaliste, non, mais j'ai mon écritoire, mon papier, mes plumes ; non, mais j'ai mes abonnés, j'ai mes lecteurs pour qui je suis un oracle, un prophète, un devin ; j'ai mon peuple dont je suis l'ami et que je mène tout tremblant de trahison en trahison, de découverte en découverte, d'épouvante en épouvante. Dans le premier numéro de l'*Ami du peuple* je dénonçai les aristocrates, je disais qu'il y avait six cents coupables en France, que six cents bouts de corde suffiraient. Ah! ah! ah! je me trompais un peu il y a un mois; les 5 et 6 octobre ont eu lieu et m'ont un peu éclairci la vue, aussi ce n'est pas six cents coupables qu'il faut juger, c'est dix mille, c'est vingt mille aristocrates qu'il faut pendre.

Gilbert sourit; la fureur arrivée à ce point lui paraissait de la folie.

— Prenez garde! dit-il, il n'y aura

point en France assez de chanvre pour ce que vous voulez faire, et les cordes vont devenir hors de prix.

— Aussi, dit Marat, trouvera-t-on, je l'espère, des moyens nouveaux et plus expéditifs. Savez-vous qui j'attends, ce soir ? qui, d'ici à dix minutes, va frapper à cette porte ?

— Non, monsieur.

— Eh bien ! j'attends un de vos confrères, un membre de l'Assemblée nationale que vous connaissez : le citoyen Guillotin.

— Oui, dit Gilbert ; celui qui a proposé aux députés de se réunir au Jeu-de-Paume, lorsqu'on les a chassés de la salle des séances. Un homme fort savant.

— Eh bien ! savez-vous ce qu'il vient de trouver, le citoyen Guillotin ? Il vient de trouver une machine merveilleuse, une machine qui tue sans faire souffrir ; car il faut que la mort soit une punition et non une souffrance ; il vient de trouver cette machine-là, et un de ces matins nous l'essayons.

Gilbert frissonna ; c'était la seconde fois que cet homme, dans sa cave, lui rappelait Cagliostro. Cette machine, c'était sans doute la même dont Cagliostro lui avait parlé.

VI

Catherine.

De la rue de la Sourdière à la maison qu'habitait Gilbert, rue Saint-Honoré, il n'y avait qu'un pas.

Cette maison était située un peu plus oin que l'Assomption, sur le côté opposé de la rue, en face d'un menuisier nommé Duplay.

Le froid et le mouvement avaient réveillé Sébastien, il avait voulu marcher, mais son père s'y était opposé et continuait de le porter entre ses bras.

Le docteur, arrivé à la porte, posa un instant Sébastien sur ses pieds et frappa assez fort pour que, si endormi que soit le concierge, il n'eût point à attendre longtemps dans la rue.

— Est-ce vous, monsieur Gilbert? demanda une voix.

— Tiens! dit Sébastien, c'est la voix de Pitou.

— Ah! Dieu soit loué! s'écria Pitou en ouvrant la porte, Sébastien est retrouvé.

Puis se retournant vers l'escalier, dans les profondeurs duquel on commençait à apercevoir les lueurs d'une bougie.

— Monsieur Billot! monsieur Billot! cria Pitou, Sébastien est retrouvé, et sans accident, j'espère. N'est-ce pas, monsieur Gilbert?

— Sans accident grave, du moins, dit le docteur. Viens, Sébastien, viens.

Et laissant à Pitou le soin de fermer la porte, il en enleva de nouveau, aux yeux du concierge ébahi qui paraissait sur le seuil de sa loge en bonnet de coton et en chemise, Sébastien entre ses bras et commença de monter l'escalier.

Billot marcha le premier, éclairant le docteur ; Pitou suivit.

Le docteur demeurait au second. Les portes toutes grandes ouvertes annonçaient qu'il était attendu ; il entra et déposa Sébastien sur son lit.

Pitou suivait inquiet et timide. A la boue qui couvrait ses souliers, ses bas, sa culotte, et qui mouchetait le reste de ses vêtements, il était facile de voir qu'il était tout frais arrivé d'une longue route.

En effet, après avoir reconduit Catherine éplorée chez elle, après avoir appris de la bouche même de la jeune fille, frappée trop profondément pour cacher sa douleur, que cette douleur venait du départ de M. Isidore pour Paris, Pitou, à qui l'expression de cette douleur brisait doublement le cœur, et comme amant et comme ami, Pitou avait pris congé de Catherine, couchée, de la mère Billot, pleurant au pied de son lit, et s'était, d'un pas bien autrement tardif que celui qui l'avait amené, acheminé vers Haramont.

La lenteur de ce pas, la quantité de fois qu'il se retourna pour regarder tristement la ferme dont il s'éloignait, le cœur gros à la fois et de la douleur de Catherine et de sa propre douleur à lui, firent qu'il n'arriva à Haramont qu'au point du jour.

La préoccupation qui le tenait fit que, comme Sextus retrouvant sa femme morte, il alla s'asseoir sur son lit, les yeux fixes et les mains croisées sur ses genoux.

Enfin il se leva, et pareil à un homme qui s'éveille, non pas de son sommeil, mais de sa pensée, il jeta les yeux autour de lui et vit, près de la feuille de papier écrite de sa main, une autre feuille de papier couverte d'une écriture différente.

Il s'approcha de la table et lut la lettre de Gilbert.

Il faut le dire à la louange de Pitou, il oublia à l'instant même ses chagrins personnels pour ne songer qu'aux dangers que pouvait courir Sébastien pendant le voyage qu'il venait d'entreprendre.

Puis sans s'inquiéter de l'avance que l'enfant, parti de la veille, pouvait avoir sur lui, Pitou, confiant dans ses longues jambes, se mit à sa poursuite, espérant bien le rejoindre si Sébastien, ne trouvant pas de moyens de transport, avait été forcé de continuer sa route à pied.

D'ailleurs il faudrait bien que Sébastien s'arrêtât, tandis que lui, Pitou, marcherait toujours.

Pitou ne s'inquiéta point d'un bagage quelconque, il ceignit ses reins d'une ceinture de cuir, comme il avait l'habitude d'en user quand il avait une longue route à faire ; il prit sous son bras un pain de quatre livres dans lequel il introduisit un saucisson, à la main son bâton de voyage, et se mit en chemin.

Pitou, de son pas ordinaire, faisait une lieue et demie à l'heure : en pressant un peu son pas il en fit deux.

Cependant comme il lui fallait s'arrêter pour boire, pour renouer les cordons de ses souliers, et pour demander des nouvelles de Sébastien, il mit dix heures à venir de l'extrémité de la rue de Laigny à la barrière de la Villette.

Une heure à cause des embarras de

voiture, a venir de la barrière de la Villette à la maison du docteur Gilbert, cela fait onze heures ; il était parti à neuf heures du matin, il était arrivé à huit heures du soir.

C'était, on se le rappelle, juste le moment où Andrée enlevait Sébastien des Tuileries, et où le docteur Gilbert causait avec le roi. Il ne trouva donc ni le docteur Gilbert, ni Sébastien.

Mais il trouva Billot.

Billot n'avait aucunement entendu parler de Sébastien, et ne savait pas à quelle heure Gilbert rentrerait.

Le malheureux Pitou était si inquiet qu'il ne songea point à parler à Billot de

Catherine ; toute sa conversation ne fut qu'un long gémissement sur le malheur qu'il avait eu de ne pas se trouver dans sa chambre lorsque Sébastien y était venu.

Puis, comme il avait emporté la lettre de Sébastien pour se justifier au besoin près du docteur, il relisait cette lettre; chose bien inutile, car il l'avait déjà lue et relue tant de fois qu'il la savait par cœur.

Le temps avait passé aussi lent et triste pour Pitou et Billot, depuis huit heures du soir jusqu'à deux heures du matin.

C'était bien long. six heures. Il n'avait pas fallu à Pitou la moitié de ce temps-là pour venir de Villers-Cotterets à Paris ; à deux heures du matin, le bruit du marteau avait retenti pour la dixième fois depuis l'arrivée de Pitou.

A chaque fois Pitou s'était précipité par les degrés, et malgré les quarante marches qu'il y avait à descendre, il était toujours arrivé au moment où le concierge tirait le cordon.

Mais son espérance avait toujours été trompée, ni Gilbert, ni Sébastien n'avaient paru, et chaque fois il était remonté près de Billot lentement et tristement.

Enfin, nous avons dit comment une dernière fois, étant descendu plus précipitamment encore que les autres, son attente avait été comblée en voyant reparaître à la fois le père et le fils, le docteur Gilbert et Sébastien.

Gilbert remercia Pitou comme le brave garçon devait être remercié, c'est-à-dire par une poignée de main; puis, comme il pensait qu'après un voyage de dix-huit lieues, et une attente de six heures, le voyageur devait avoir besoin de repos, il lui souhaita une bonne nuit et l'envoya se coucher.

Mais tranquille à l'endroit de Sébastien, Pitou avait maintenant ses confidences à faire à Billot, il fit donc signe à Billot de le suivre et Billot le suivit.

Quant à Gilbert, il ne voulut s'en rapporter à personne, de coucher et de veiller Sébastien. Il examina lui-même l'ecchymose empreinte sur la poitrine de l'enfant, appliqua son oreille sur plusieurs endroits du torse, puis s'étant assuré que la respiration était parfaitement libre, il se coucha sur une chaise longue, près de l'enfant, qui malgré une fièvre assez forte s'endormit aussitôt.

Mais bientôt pensant à l'inquiétude que devait éprouver Andrée, d'après celle qu'il avait éprouvée lui-même, il appela son valet de chambre, et lui ordonna d'aller à l'instant même jeter à la plus prochaine poste, afin qu'elle parvînt à son adresse, à la première levée, une lettre, dans laquelle étaient ces seules paroles :

« Rassurez-vous, l'enfant est retrouvé
« et n'a aucun mal. »

Le lendemain, Billot fit demander dès le matin à Gilbert la permission d'entrer chez lui, permission qui lui fut accordée.

La bonne figure de Pitou apparut souriante à la porte, derrière celle de Billot, dont Gilbert remarqua l'expression triste et grave.

— Qu'y a-t-il donc, mon ami, et qu'avez-vous, demanda le docteur ?

— J'ai, monsieur Gilbert, que vous

avez bien fait de me retenir ici, puisque je puis vous être utile à vous et au pays. Mais tandis que je reste à Paris, tout va mal là-bas.

Que l'on n'aille cependant pas croire, d'après ces paroles, que Pitou ait révélé les secrets de Catherine, et parlé des amours de la jeune fille avec Isidore, non, l'âme honnête du brave commandant de la garde nationale se refusait à une délation. Il avait seulement dit à Billot que la récolte avait été mauvaise, que les seigles avaient manqué, qu'une partie des blés avait été couchée par la grêle, que les granges étaient au tiers pleines, et qu'il avait trouvé Catherine évanouie sur le chemin de Villers Coterêts à Pisseleux.

Or, Billot s'était assez peu inquiété du manque des seigles et du versement des blés, mais il avait failli se trouver mal, lui-même, en apprenant l'évanouissement de Catherine.

C'est qu'il savait, le brave père Billot, qu'une jeune fille, du tempéramment et de la force de Catherine, ne s'évanouit pas sans raison sur les grands chemins.

D'ailleurs, il avait fort interrogé Pitou, et quelque réserve que Pitou eût mise dans ses réponses, plus d'une fois Billot avait secoué sa tête, en disant :

— Allons, allons, je crois qu'il est temps que je retourne là-bas.

Gilbert qui venait d'éprouver lui-même

ce qu'un cœur de père peut souffrir, comprit cette fois ce qui se passait dans celui de Billot, lorsque Billot lui eût dit les nouvelles apportées par Pitou.

— Allez donc, mon cher Billot, lui dit-il, puisque ferme, terre et famille, vous réclament, mais n'oubliez pas qu'au nom de la patrie, dans un cas pressant, je dispose de vous.

— Un mot, monsieur Gilbert, répondit le brave fermier, et douze heures après je suis à Paris.

Alors, ayant embrassé Sébastien, qui après une nuit heureusement passée se trouvait complètement hors de danger, ayant serré la main fine et délicate de

Gilbert dans ses deux larges mains, Billot prit deux heures après le chemin de sa ferme qu'il avait quitté pour huit jours, et dont il était absent depuis trois mois.

Pitou le suivit, emportant, offrande du docteur Gilbert, vingt-cinq louis, destinés à aider à l'habillement et à l'équipement de la garde nationale d'Haramont.

Gilbert resta avec son père.

VII

Trêve.

Quelques jours s'étaient écoulés entre les événements que nous venons de raconter et celui où nous allons de nouveau prendre le lecteur par la main et le conduire au château des Tuileries, désormais théâtre principal des grandes catastrophes qui vont s'accomplir.

O Tuileries ! héritage fatal légué par la reine de la Saint-Barthélemy, par l'étrangère Catherine de Médicis à ses descendants et à ses successeurs, palais du vertige qui attire pour dévorer. Quelle fascination y a-t-il dans ton porche béant qui appelle à lui tous ces fous couronnés qui veulent être appelés rois, qui ne se croient véritablement sacrés que lorsqu'ils ont dormi sous tes lambris regindés, et que tu rejettes les unes après les autres, ceux-ci cadavres sans tête, ceux-là fugitifs sans couronne.

Sans doute il y a dans tes pierres ciselées comme un bijou de Benvenuto Cellini quelque maléfice fatal, sans doute quelque talisman mortel est enfoui sous

ton seuil ; compte les cinq derniers rois
que tu as reçus et dis ce que tu en as fait,
de ces cinq rois, un seul a été rendu par toi
au caveau où l'attendaient ses ancêtres,
et des quatre que l'histoire te réclame
l'un a été livré à l'échafaud et les trois
autres à l'exil.

Un jour une assemblée tout entière
voulut braver le péril et s'établir à la
place des rois, s'asseoir, mandataire du
peuple, là où s'étaient assis les élus de la
monarchie, dès ce moment le vertige la
prit, dès ce moment elle se détruisit elle-
même, l'échafaud dévora les uns, l'exil
engloutit les autres, et une étrange fra-
ternité réunit Louis XVI et Robespierre,
Collot-d'Herbois et Napoléon, Billaud-

Varennes et Charles X, Vadier et Louis-Philippe.

O Tuileris ! Tuileries ! bien insensé sera donc celui qui osera franchir ton seuil, et entrer par où sont entrés Louis XVI, Napoléon, Charles X et Louis-Philippe. Car un peu plus tôt un peu plus tard, celui-là sortira par la même porte qu'eux.

Et cependant, palais funèbre, chacun d'eux est entré dans ton enceinte au milieu des acclamations du peuple, et ton double balcon les a vus, les uns après les autres sourire à ces acclamations, croyant aux souhaits et aux vœux de la foule qui les poussait, ce qui fait qu'à peine assis sous le dais royal, chacun d'eux s'est mis à travailler à son œuvre au lieu de travailler à l'œuvre du peuple, ce dont le peuple s'apercevant un jour, il l'a mis à la porte comme un fermier infidèle ou l'a punit comme un mandataire ingrat.

C'est ainsi qu'après cette marche terrible du 6 octobre, au milieu de la boue, et du sang et des cris, le pâle soleil du lendemain trouva en se levant la cour des Tuileries pleine d'un peuple ému du retour de son roi et affamé de le voir.

Pendant toute cette journée Louis XVI avait reçu les corps constitués, pendant ce temps, la foule attendait au dehors, le cherchait, l'épiait à travers les vitres, celui qui croyait l'apercevoir jetait un cri de joie et le montrait à son voisin, en disant :

— Le voyez-vous, le voyez-vous, le voilà !

A midi il fallut qu'il se montrât au balcon, et ce furent des bravos et des applaudissements unanimes.

Le soir il fallut qu'il descendît au jardin, et ce furent plus que des bravos et des applaudissements, ce furent des attendrissements et des larmes.

Madame Elisabeth, cœur pieux et naïf, montrait ce peuple à son frère en lui disant.

— Il me semble pourtant qu'il n'est

pas difficile de régner sur de pareils hommes.

Son logement était au rez-de-chaussée, le soir elle fit ouvrir les fenêtres et soupa devant tout le monde.

Hommes et femmes regardaient, applaudissaient et saluaient par les ouvertures, les femmes surtout, elles faisaient monter leurs enfants sur l'appui des fenêtres, ordonnant à ces petits innocents d'envoyer des baisers à cette grande dame et de lui dire qu'elle était bien belle.

Et les petits enfants répétaient : Vous êtes bien belle, madame; et de leurs petites mains potelées lui envoyaient des baisers sans nombre et sans fin.

Chacun disait la révolution finie, voilà le roi délivré de son Versailles, de ses courtisans et de ses conseillers, l'enchantement qui tenait loin de sa capitale la royauté captive dans ce monde d'automates, de statues et d'ifs taillés qu'on appelle Versailles, est rompu, grâce à Dieu le roi est replacé dans la vie et la vérité, c'est-à-dire dans la nature réelle de l'homme. Venez, Sire venez parmi nous, jusqu'à ce jour vous n'aviez, entouré comme vous l'étiez, que la liberté de faire le mal, aujourd'hui, au milieu de nous, au milieu de votre peuple, vous avez toute liberté de faire le bien.

Souvent les masses et les individus même se trompent sur ce qu'ils sont, ou plutôt sur ce qu'ils vont être, la peur éprouvée pendant les journées des cinq au six octobre, avait ramené au roi non-seulement une foule de cœurs, mais encore beaucoup d'esprits, beaucoup d'intérêts ; ces cris dans l'obscurité, ce réveil au milieu de la nuit, ces feux allumés dans la cour de marbre et éclairant les grands murs de Versailles de leurs funèbres reflets, tout cela avait frappé fortement toutes les imaginations honnêtes. L'assemblée avait eu grand peur, plus peur quand le roi avait été menacé que lorsqu'elle avait été menacée elle-même, alors il lui semblait encore qu'elle dépendît du roi, six mois ne s'écouleront pas sans qu'elle sente au contraire que c'est le roi qui dépend d'elle. Cent cinquante de ses membres prirent des passeports. Mounier et Lally, le fils du Lally, mort en grève ; se sauvèrent.

Les deux hommes les plus populaires en France, Lafayette et Mirabeau revenaient royalistes à Paris.

Mirabeau avait dit à Lafayette unissons-nous et sauvons le roi.

Par malheur, Lafayette, honnête homme par excellence, mais esprit borné, méprisait le caractère de Mirabeau, et ne comprenait pas son génie.

Il se contenta d'aller trouver le duc d'Orléans.

On avait dit beaucoup de choses, sur

Son Altesse Royale, on avait dit que pendant la nuit il avait été vu, un chapeau rabattu sur les yeux, une badine à la main, agitant les groupes dans la cour de marbre, les poussant au pillage du château, dans l'espérance que le pillage serait en même temps l'assassinat.

Mirabeau était tout au duc d'Orléans.

Lafayette, au lieu de s'entendre avec Mirabeau, alla trouver le duc d'Orléans et l'invita à quitter Paris ; le duc d'Orléans discuta, lutta, se raidit ; mais Lafayette était tellement roi, qu'il lui fallut obéir.

— Mais quand reviendrai-je ? demanda-t-il à Lafayette.

— Quand je vous dirai qu'il est temps de revenir, mon prince, répondit celui-ci.

— Et si je m'ennuie et que je revienne sans votre permission, monsieur? demanda hautainement celui-ci.

— Alors, répondit Lafayette, j'espère que, le lendemain de son retour. Votre Altesse me fera l'honneur de se battre avec moi.

Le duc d'Orléans partit et ne revint que rappelé.

Lafayette était peu royaliste avant le 6 octobre ; mais, après le 6 octobre, il le devint réellement, sincèrement ; il avait sauvé la reine et protégé le roi.

On s'attache par les services qu'on rend bien plus qu'on n'est attaché par les services qu'on reçoit. C'est qu'il y a dans le cœur de l'homme bien plus d'orgueil que de reconnaissance.

Le roi et madame Elisabeth, tout en sentant qu'il y avait au-dessous, et peut-être au-dessus de tous ce peuple, un élément fatal qui ne voulait pas se mêler à lui ; quelque chose de haineux et de vindicatif comme la colère du tigre qui rugit tout en caressant ; le roi et madame Elisabeth avaient été réellement touchés.

Mais il n'en était pas de même pour Marie-Antoinette : la mauvaise disposition où était le cœur de la femme nuisait à l'esprit de la reine ; ses larmes étaient des larmes de dépit, de douleur, de jalousie ; de ces larmes qu'elle versait, il y en avait autant pour Charny qu'elle sentait échapper de ses bras, que pour ce sceptre qu'elle sentait s'échapper de sa main.

Aussi voyait-elle tout ce peuple, entendait-elle tous ces cris avec un cœur sec et un esprit irrité. Elle était plus jeune en réalité que madame Elisabeth, ou plutôt du même âge à peu près, mais la virginité d'âme et de corps avaient fait à celle-ci une robe d'innocence et de fraîcheur qu'elle n'avait pas encore dévêtue, tandis que les ardentes passions de la reine, haine et amour, avaient jauni ses mains pareilles à de l'ivoire, avaient serré sur ses dents ses lèvres blêmes et avaient étendu au-dessus de ses yeux ces nuances nacrées et violâtres qui révèlent un mal profond, incurable, constant.

La reine était malade, profondément malade, malade d'un mal dont on ne guérit pas, car son seul remède est le bonheur et la paix, et la pauvre Marie-Antoinette sentait que c'en était fait de sa paix et de son bonheur.

Aussi, au milieu de tous ces élans, au milieu de tous ces cris et de tous ces vivats, quand le roi tend les mains aux hommes, quand madame Elisabeth sourit et pleure à la fois aux femmes et aux petits enfants, la reine sent son œil mouillé des larmes de sa propre douleur, à elle, redevenir sec devant la joie publique.

Les vainqueurs de la Bastille s'étaient présentés chez elle, et elle avait refusé de les recevoir.

Les dames de la halle étaient venues à leur tour; elle avait reçu les dames de la halle, mais à distance, séparée d'elles par d'immenses paniers; en outre, ses femmes, comme une avant-garde destinée à la défendre de tout contact, s'étaient jetées au-devant d'elles.

C'était une grande faute que faisait Marie-Antoinette : les dames de la halle étaient royalistes, beaucoup avaient désavoué le 6 octobre.

Ces femmes alors lui avaient adressé la parole, car dans ces sortes de groupes il y a toujours des orateurs.

Une femme, plus hardie que les autres, s'était érigée en conseiller :

— Madame la reine, avait d femme, voulez-vous me permettre de vous donner un avis, mais là, un avis à la grosse morguenne, c'est-à-dire venant du cœur?

La reine avait fait de la tête un signe si imperceptible, que la femme ne l'aait pas vu.

— Vous ne répondez pas, avait-elle dit; n'importe! je vous le donnerai tout de même. Vous voilà parmi nous, au milieu de votre peuple, c'est-à-dire au sein de votre vraie famille; il faut maintenant éloigner de vous tous ces courtisans qui perdent les rois, et aimer un peu ces pauvres Parisiens, qui, depuis vingt ans que vous êtes en France, ne vous ont peut-être pas vu quatre fois.

— Madame, répondit sèchement la reine, vous parlez ainsi parce que vous ne connaissez pas mon cœur : je vous ai aimé à Versailles, je vous aimerai de même à Paris.

Ce n'était pas beaucoup promettre.

Aussi un autre orateur reprit :

— Oui, oui, vous nous aimiez à Versailles : c'était donc par amour que, le 14 juillet, vous vouliez assiéger la ville et la faire bombarder ; c'était donc par amour que, le 6 octobre, vous vouliez vous enfuir aux frontières, sous le prétexte d'aller au milieu de la nuit à Trianon.

— C'est-à-dire, reprit la reine, que l'on vous a rapporté cela et que vous l'avez cru ; c'est ce qui fait à la fois le malheur du peuple et celui du roi.

Et cependant, pauvre femme, ou plutôt pauvre reine, au milieu des résistances de son orgueil et des déchirements de son cœur, elle trouva une heureuse inspiration.

Une de ces femmes, Alsacienne de naissance, lui adressa la parole en allemand.

— Madame, lui répondit la reine, je suis devenue tellement Française, que j'ai oublié ma langue maternelle.

C'était charmant à dire; malheureusement ce fut mal dit.

Les dames de la halle pouvaient s'éloigner en criant à plein cœur : Vive la reine !

Elles s'éloignèrent en criant du bout des lèvres et en grognant entre leurs dents.

Le soir, quand réunis, le roi et madame Élisabeth, sans doute pour se consoler, pour se raffermir l'un l'autre, se rappelaient tout ce qu'ils avaient trouvé de bon et de consolant dans ce peuple, elle ne trouva qu'un fait à ajouter à tout cela : c'était un mot du dauphin qu'elle répéta plusieurs fois ce jour-là et les jours suivants.

Au bruit qu'avaient fait les dames de la halle en entrant dans les appartements, le pauvre petit était accouru près de sa mère, et s'était serré contre elle, s'écriant :

— Bon Dieu, maman, est-ce qu'aujourd'hui est encore hier?...

Le petit Dauphin était là, il entendit

ce que sa mère disait de lui, et fier comme tous les enfants qui voient qu'on s'occupe d'eux.

Il s'approcha du roi et le regarda d'un air pensif.

— Que veux-tu Louis, demanda le roi?

— Je voudrais, répondit le Dauphin, vous demander quelque chose de très sérieux, mon père.

— Eh bien, dit le roi en l'attirant entre ses jambes, que veux-tu me demander? voyons, parle.

— Je désirerais savoir, continua l'enfant, pourquoi votre peuple qui vous

aimait tant s'est tout à coup fâché
contre vous, et ce que vous avez fait
pour le mettre si fort en colère.

— Louis, murmura la reine avec l'accent du reproche.

— Laissez-moi lui répondre, dit le
roi.

Madame Elisabeth souriait à l'enfant.

Louis XVI prit son fils sur ses genoux
et mettant la politique du jour à portée
de l'intelligence de l'enfant.

— Mon fils, lui dit-il, j'ai voulu rendre
le peuple encore plus heureux qu'il ne
l'était, j'ai eu besoin d'argent pour
payer les dépenses occasionnées par les

guerres, j'en ai demandé à mon peuple comme l'ont toujours fait les rois mes prédécesseurs, des magistrats qui composent mon parlement s'y sont opposés et ont dit que mon peuple seul avait le droit de me voter cet argent, j'ai assemblé à Versailles les premiers de chaque ville par leur naissance, leur fortune et leur talent, voilà ce que l'on appelle les *Etats-Généraux*, quand ils ont été assemblés ils m'ont demandé des choses que je ne puis faire ni pour moi, ni pour vous, qui serez mon successeur... il s'est trouvé des méchants qui ont soulevé le peuple, et les excès où il s'est porté les jours derniers, sont leur ouvrage.

— Mon fils, il ne faut pas en vouloir au peuple.

A cette dernière recommandation, Marie-Antoinette serra les lèvres, et il était évident que chargée de l'éducation du Dauphin, ce n'était point vers l'oubli des injures qu'elle eût dirigé cette éducation.

Le lendemain la ville de Paris et la garde nationale envoyèrent prier la reine de paraître au spectacle et de constater ainsi par sa présence et par celle du roi qu'ils résidaient avec plaisir dans la capitale.

La reine répondit qu'elle aurait grand plaisir à se rendre à l'invitation de la Ville de Paris, mais qu'il lui fallait le temps de perdre le souvenir des journées qui venaient de se passer.

Le peuple avait déjà oublié, il fut étonné qu'on se souvint.

Lorsqu'elle apprit que son ennemi, le duc d'Orléans était éloigné de Paris, elle eut un moment de joie, mais elle ne sut point gré à Lafayette de cet éloignement, elle crut que c'était une affaire personnelle entre le prince et Lafayette.

Elle le crut, ou fit semblant de le croire.

Elle ne voulait rien devoir à Lafayette, véritable princesse de la maison de Lorraine, pour la rancune et la hauteur, elle voulait vaincre et se venger.

— Les reines ne peuvent pas se noyer

avait dit Madame Henriette d'Angleterre, au milieu d'une tempête, et elle était de l'avis de Madame Henriette d'Angleterre.

D'ailleurs Marie-Thérèse n'avait-elle pas été plus près de mourir qu'elle, quand elle avait pris son enfant entre ses bras et l'avait montré à ses fidèles Hongrois.

Ce souvenir héroïque de la mère influa sur la fille; ce fut un tort, le tort terrible de ceux qui comparent les situations sans les juger.

Marie-Thérèse avait pour elle le peuple, Marie-Antoinette l'avait contre elle.

Et puis elle était femme avant tout; et peut-être, hélas! eut-elle mieux jugé la situation si son cœur eut été plus en paix, peut-être eut-elle un peu moins haï le peuple, si Charny l'eut plus aimée.

Voilà donc ce qui se passait aux Tuileries pendant ces quelques jours où la révolution faisait halte, où les passions exaltées se refroidissaient, et où comme pendant une trêve, amis et ennemis se reconnaissaient pour recommencer à la première déclaration d'hostilité, un nouveau combat plus acharné, une nouvelle bataille plus meurtrière.

Ce combat est d'autant plus probable, cette bataille est d'autant plus instante que nous avons mis nos lecteurs non seulement au courant de ce qu'il peuvent voir a la surface de la société, mais encore de tout, ce qui se trame dans ses profondeurs.

VIII

Le portrait de Charles I**er**.

Pendant les quelques jours qui s'étaient écoulés et pendant lesquels les nouveaux hôtes des Tuileries s'y étaient établis et y avaient pris leurs habitudes, Gilbert n'ayant point été appelé près du roi, n'avait pas jugé à propos de s'y rendre, mais enfin son jour de visite venu, il crut que son devoir lui serait une excuse qu'il n'avait point osé emprunter à son dévouement.

C'était le même service d'antichambre qui avait suivi le roi de Versailles à Paris, Gilbert était donc connu aux antichambres des Tuileries comme à celles de Versailles.

D'ailleurs le roi, pour n'avoir pas eu recours au docteur ne l'avait point oublié. Louis XVI avait l'esprit trop juste pour ne pas facilement reconnaître ses amis et ses ennemis.

Et Louis XVI sentait bien jusqu'au plus profond de son cœur quelles que fussent les préventions de la reine contre

Gilbert, que Gilbert était sinon l'ami du roi, mais ce qui valait tout autant, l'ami de la royauté.

Il s'était donc rappelé que c'était le jour de service de Gilbert, et il avait donné son nom pour qu'aussitôt son apparition, Gilbert fût introduit près de lui.

Il en résulta qu'à peine eût-il franchi le seuil de la porte, le valet de chambre de service se leva, alla au devant de lui, et l'introduisit dans la chambre à coucher du roi.

Le roi se promenait de long en large, si préoccupé qu'il ne fit point attention à l'entrée du docteur, qu'il n'entendit point l'annonce qui le précédait.

Gilbert s'arrêta sur la porte immobile et silencieux, attendit que le roi remarquât sa présence et lui adressât la parole.

Ce qui préoccupait le roi, et il était facile de le voir, car de temps en temps il s'arrêtait pensif devant lui, c'était un grand portrait en pied de Charles 1er, peint par Van-Dyck.

Le même qui est aujourd'hui au palais du Louvre et qu'un Anglais a proposé de couvrir entièrement de pièces d'or si l'on consentait à le lui vendre.

Vous le connaissez ce portrait, n'est-ce pas, sinon par la toile du moins par la gravure?

Charles Ier est à pied, sous quelques-uns de ces arbres grêles et rares comme ceux qui poussent sur les plages; un page tient son cheval tout caparaçonné ; la mer fait l'horizon.

La tête du roi est toute empreinte de mélancolie. A quoi pense ce Stuart, qui a eu pour prédécesseur la belle et infortunée Marie et qui aura pour successeur Jacques II ?

Ou, plutôt, à quoi pensait le peintre, ce grand génie qui en avait assez pour douer la physionomie du roi, du superflu de sa pensée ?

A quoi pensait-il en le peignant d'avance comme aux derniers jours de sa fuite, en simple *cavalier,* prêt à se mettre en campagne contre les têtes rondes ?

A quoi pensait-il en le peignant ainsi acculé à la mer orageuse du nord, avec son cheval à ses côtés, tout prêt pour l'attaque, mais aussi tout prêt pour la fuite ?

Est-ce que si l'on retournait ce tableau où Van-Dyck a mis cette profonde teinte de tristesse, est-ce que sur l'envers de cette toile, on ne trouverait pas quelque ébauche de l'échafaud de Wite-Hall ?

Il fallait que cette voix de la toile parlât bien haut pour s'être fait entendre à cette nature toute matérielle, dont, pareille à un nuage qui passe et qui rejette son reflet sombre sur les prés verts et sur les moissons dorées, elle avait rembruni le front.

Trois fois Louis XVI interrompit sa promenade pour s'arrêter devant ce portrait, et trois fois, avec un soupir, il reprit cette promenade qui semblait toujours et fatalement aboutir en face de ce tableau.

Enfin, Gilbert comprit qu'il y a des circonstances où un spectateur est moins indiscret en annonçant sa présence qu'en restant muet.

Il fit un mouvement, Louis XVI tressaillit et se retourna.

— Ah ! c'est vous, docteur ? dit-il. Venez, venez, je suis heureux de vous voir.

Gilbert s'approcha en s'inclinant.

— Depuis combien de temps étiez-vous là, docteur?

— Depuis quelques minutes, Sire.

— Ah! fit le roi, redevenant pensif.

Puis après une pause, conduisant Gilbert devant le chef-d'œuvre de Van-Dyck.

— Docteur, demanda-t-il, connaissez-vous ce portrait?

— Oui, Sire.

— Où donc l'avez-vous vu?

— Enfant, chez madame Dubarry;

mais tout enfant que je fusse à cette époque, il m'avait profondément frappé.

— Oui, chez madame Dubarry ; c'est bien cela, murmura Louis XVI.

Puis après une nouvelle pause de quelques secondes :

— Connaissez-vous ce portrait, docteur ? demanda-t-il.

— Sa Majesté parle-t-elle de l'histoire du roi qu'il représente ou de l'histoire du portrait lui-même.

— Je parle de l'histoire du portrait.

— Non, Sire ; je sais seulement qu'il a été peint à Londres en 1645 ou 1646, voilà tout ce que je puis dire ; mais j'ignore comment il a passé en France, et comment il se retrouve à cette heure dans la chambre de Votre Majesté.

— Comment il a passé en France ? je vais vous le dire; comment il se trouve dans ma chambre ? je l'ignore moi-même.

Gilbert regarda Louis XVI avec étonnement.

— Comment il se trouve en France ? répéta Louis XVI, le voici. Je ne vous apprendrai rien de nouveau sur le fond, mais beaucoup sur les détails; vous comprendrez alors pourquoi je m'arrêtais devant ce portrait, et ce à quoi je pensais en m'y arrêtant.

Gilbert s'inclina en signe qu'il écoutait attentivement.

— Il y eut, voilà trente ans de cela, à peu près, dit Louis XVI, un ministère fatal à la France, et à moi surtout, ajouta-t-il en poussant un soupir qui lui rappelait la mort de son père, qu'il avait toujours cru empoisonné par l'Autriche ; c'est le ministère de M. de Choiseul.

Ce ministère, on résolut de le remplacer par le ministère d'Aiguillon et Maupeou, en brisant du même coup les parlements.

Mais briser le parlement, c'était une action qui épouvantait fort mon aïeul, le roi Louis XV. Pour briser le parlement, il lui fallait une volonté qu'il avait perdue. Avec les débris du vieil homme, il fallait refaire un homme nouveau, et, pour refaire de ce vieil homme un homme nouveau, il n'y avait qu'un moyen, c'était de fermer ce honteux harem qui, sous le nom de Parc-aux-Cerfs, a coûté tant d'argent à la France et tant de popularité à la monarchie ; il fallait, au lieu de ce monde de jeunes filles, où s'épuisait le reste de sa virilité, donner à Louis XV une seule maîtresse qui lui tînt lieu de toutes ; qui n'eût pas assez d'influence pour lui faire suivre une ligne politique, mais qui eût assez de mémoire pour lui répéter à chaque instant une leçon bien apprise.

Le vieux maréchal savait où chercher

ces sortes de femmes; il la chercha où elles se trouvent et il la trouva.

Vous l'avez connue, docteur, car, tout à l'heure, vous m'avez dit avoir vu ce portrait chez elle.

Gilbert s'inclina.

— Nous ne l'aimions pas, la reine ni moi, cette femme; la reine moins que moi, peut-être, car la reine, Autrichienne, instruite par Marie-Thérèse à cette grande politique européenne dont l'Autriche serait le centre, voyait, dans l'avènement de M. d'Aiguillon, la chute de son ami, M. de Choiseul. Nous ne la laisserons pas, dis-je, et cependant je dois lui rendre cette justice qu'en détruisant ce qui était, elle agissait selon mes désirs particuliers, et je le dirai en conscience, selon le bien général. C'était une habile comédienne ; elle joua son rôle à merveille ; elle surprit Louis XV par une familière audace, inconnue jusque-là à la royauté ; elle l'amusa en le raillant ; elle le fit homme en lui faisant croire qu'il l'était.

Le roi s'arrêta tout à coup, comme s'il se reprochait cette imprudence de parler ainsi de son aïeul devant un étranger ; mais en jetant un regard sur la figure franche et ouverte de Gilbert, il vit qu'à cet homme, qui savait si bien tout comprendre, il pouvait tout dire.

Gilbert comprit ce qui se passait dans

l'esprit du roi, et sans impatience, sans interrogation même, ouvrant son œil tout entier à l'œil scrutateur de Louis XVI, il attendit.

— Ce que je vous dis, monsieur, reprit Louis XVI avec une certaine noblesse de geste et de tête qui ne lui était pas habituelle, je ne devrais peut-être pas vous le dire, car c'est ma pensée intime, et un roi ne doit laisser voir le fond de son cœur qu'à ceux au fond du cœur desquels il doit lire. Me rendrez-vous la pareille, monsieur Gilbert, et si le roi de France vous dit toujours tout ce qu'il pense, lui direz-vous vous-même tout ce que vous pensez?

— Sire, répondit Gilbert, je vous jure

que si Votre Majesté me fait cet honneur, je lui rendrai, moi, ce service. Le médecin a charge de corps comme le prêtre a charge d'âme ; mais, muet et impénétrable pour les autres, je regarderais comme un crime de ne pas dire la vérité au roi qui me fait l'honneur de me la demander.

— Ainsi, monsieur Gilbert, jamais une indiscrétion...

— Sire, vous me diriez à moi-même que dans un quart-d'heure, et par votre ordre, je vais être mis à mort, que je ne me croirais le droit de fuir si vous n'ajoutiez : fuyez.

— Vous faites bien de me dire cela,

monsieur Gilbert. Avec mes meilleurs amis, avec la reine elle-même, souvent je ne parle que tout bas. — Avec vous je penserai tout haut.

— Il continua :

— Eh bien! cette femme qui savait que l'on ne pouvait guère compter avec Louis XV que sur des velléités royales, ne le quittait guère afin de mettre à profit les moindres de ces velléités. Au conseil, elle le suivait et se penchait sur son fauteuil ; devant le chancelier, devant ces graves personnages, devant ces vieux magistrats elle se couchait à ses pieds, minaudant comme un singe, bavardant comme une perruche, lui soufflant enfin la royauté nuit et jour. Mais ce n'était point encore assez, et l'étrange Égérie y eût peut-être perdu son temps, si à ces paroles insaisissables, M. de Richelieu n'eût eu l'idée d'ajouter un corps qui rendît matérielle la leçon qu'elle répétait. Sous le prétexte que le page que l'on voit dans ce tableau se nommait Barry, on acheta ce tableau pour elle, comme si c'était un tableau de famille. Ce visage mélancolique qui devine le 30 janvier 1648, placé dans le boudoir de cette fille, entendit ses éclats de rire effrontés, vit ses lascifs ébats, car voici ce à quoi il lui servait : tout en riant, elle prenait Louis XV par la tête et lui montrait Charles Ier.

—Vois-tu, La France, disait-elle, voilà

un roi à qui on a coupé le cou parce qu'il était faible pour son parlement ; ménages donc encore le tien.

Louis XV cassa son parlement et mourut tranquillement sur le trône.

Alors nous exilâmes cette femme, pour laquelle nous eussions dû peut-être être plus indulgents.

Le tableau resta dans les mansardes de Versailles, et je ne songeai jamais même à demander ce qu'il était devenu.

Maintenant, comment se fait-il que je le trouve ici, qui a ordonné qu'il fût apporté, pourquoi me suit-il ? ou plutôt pourquoi me poursuit-il ?

Il secoua tristement la tête.

— Docteur, dit-il, n'y a-t-il point une fatalité là-dessous.

— Une fatalité si ce portrait ne vous dit rien, Sire, mais une Providence s'il vous parle.

— Comment voulez-vous qu'un pareil portrait ne parle pas à un roi dans ma situation, docteur?

— Après m'avoir permis de lui dire la vérité, Votre Majesté permet-elle que je l'interroge?

Louis XVI sembla hésiter un instan

— Interrogez, docteur, dit-il.

— Que dit ce portrait à Votre Majesté, Sire?

— Il me dit que Charles Ier a perdu la tête pour avoir fait la guerre à son peuple, et que Jacques II a perdu le trône pour avoir délaissé le sien.

— En ce cas, ce portrait est comme moi, Sire, il dit la vérité.

— Eh bien? demanda le roi sollicitant Gilbert du regard.

— Eh bien! puisque le roi m'a permis de l'interroger, je lui demanderai ce qu'il répond à ce portrait qui lui parle si loyalement?

— Monsieur Gilbert, dit le roi, je vous donne ma foi de gentilhomme que je n'ai encore rien résolu; je prendrai conseil des circonstances.

—Le peuple a peur que le roi ne songe à lui faire la guerre.

Louis XVI secoua la tête.

—Non, monsieur, non, dit-il, je ne puis faire la guerre à mon peuple qu'avec l'appui de l'étranger, et je connais trop bien l'état de l'Europe pour m'y fier. Le roi de Prusse m'offre d'entrer en France avec cent mille hommes, mais je connais trop bien l'esprit intrigant et ambitieux de cette petite monarchie qui tend à devenir un grand royaume, qui pousse partout au trouble, espérant que dedans ce trouble elle aura quelque Silésie nouvelle à accaparer. L'Autriche, de son côté, met cent autres mille hommes à ma disposition, mais je n'aime pas mon beau-frère Léopold, Janus à deux faces, dévot philosophe, dont la mère, Marie-Thérèse, a fait empoisonner mon père. Mon frère d'Artois me propose l'appui de la Sardaigne et de l'Espagne, mais je ne me fie pas à ces deux puissances conduites par mon frere d'Artois. Il a près de lui M. de Calonne, c'est-à-dire le plus cruel ennemi de la reine, celui-là même qui a annoté, j'ai vu le manuscrit, le pamphlet de madame Lamotte contre nous dans cette vilaine affaire du collier. Je sais tout ce qui se passe là-bas. Dans le dernier conseil il a été question de me déposer et de nommer un régent qui serait probablement mon autre très cher frère M. le comte de Provence. Dans le dernier M. de Condé, mon cousin, a proposé d'entrer en France et de marcher sur Lyon, *quoiqu'il puisse arriver au roi.* Quant à la grande Catherine, c'est autre chose ; elle se borne aux conseils, elle. Vous concevez bien qu'elle est à table, occupée à dévorer la Pologne, et qu'elle ne peut pas se lever avant d'avoir fini son repas. Elle me donne un conseil qui vise au sublime et qui n'est que ridicule, surtout après ce qui s'est passé ces jours derniers. « Les rois, dit-elle, doivent suivre leur marche sans s'inquiéter des cris du peuple, comme la lune suit son cours sans s'inquiéter des aboiements des chiens. » Il paraît que les chiens russes se contentent d'aboyer ; qu'elle envoie demander à Deshuttes et à Varicourt si les nôtres ne mordent pas.

— Le peuple a peur que le roi ne songe à fuir, à quitter la France.

Le roi hésita à répondre.

— Sire, dit Gilbert en souriant, on a toujours tort de prendre au pied de la lettre une permission donnée par un roi. Je vois que je suis indiscret, et de mon interrogation je fais purement et simplement l'expression d'une plainte.

Le roi posa la main sur l'épaule de Gilbert.

— Monsieur, dit-il, je vous ai promis la vérité, je vous la dirai tout entière. Oui, il a été question de cela; oui, la chose m'a été proposée; oui, c'est l'avis de beaucoup de loyaux serviteurs qui m'entourent que je dois fuir. Mais dans la nuit du 6 octobre, au moment où pleurante dans mes bras et serrant ses deux enfants dans les siens, la reine attendait comme moi la mort, elle m'a fait jurer que je ne fuirais jamais seul; que nous partirions tous ensemble, afin d'être sauvés ou de mourir ensemble. J'ai juré, monsieur, et je tiendrai ma parole. Or, comme je ne crois pas qu'il soit possible que nous fuyions tous ensemble sans être arrêté dix fois avant d'arriver à la frontière, nous ne fuirons pas.

— Sire, dit Gilbert, vous me voyez en admiration devant la justesse d'esprit de Votre Majesté. Oh! pourquoi toute la France ne peut-elle pas vous entendre comme je uous ai entendu à cet instant même! Oh! combien s'adouciraient les haines qui poursuivent Votre Majesté! combien s'affaibliraient les dangers qui l'entourent!

— Des haines! dit le roi; croyez-vous donc que mon peuple me hait? Des dangers! En ne prenant pas trop au sérieux les sombres pensées que m'a inspirées ce portrait, je vous dirai que je crois les plus grands passés.

Gilbert regarda le roi avec un profond sentiment de mélancolie.

— N'est-ce donc point votre avis, monsieur Gilbert? demanda Louis XVI.

— Mon avis, Sire, est que Votre Majesté vient d'entrer seulement en lutte, et que le 14 juillet et le 6 octobre ne sont que les deux premiers actes du drame terrible que la France va jouer à la face des nations.

Louis XVI pâlit légèrement.

— J'espère que vous vous trompez, monsieur, dit-il.

— Je ne me trompe pas, Sire.

— Comment pouvez-vous, sur ce point, en savoir plus que moi qui ai à la fois ma police et ma contre-police?

— Sire, je n'ai, il est vrai, ni police ni contre-police; mais, par ma position, je suis l'intermédiaire naturel entre ce qui touche le ciel et ce qui se cache encore dans les entrailles de la terre. Sire, Sire, ce que nous avons éprouvé n'est encore que le tremblement de terre, il nous reste à combattre le feu, la cendre et la lave du volcan.

— Vous avez dit à *combattre*, monsieur ; n'auriez-vous pas parlé plus juste en disant à fuir ?

— J'ai dit à combattre, Sire.

— Vous connaissez mon opinion à l'égard de l'étranger ; je ne l'appellerai jamais en France, à moins, je ne dirai pas que ma vie, que m'importe ma vie, à moi ! j'en ai fait le sacrifice ; à moins que la vie de ma femme et de mes enfants ne coure un réel danger.

— Je voudrais me prosterner à vos pieds, Sire, pour vous remercier de pareils sentiments. Non, Sire, il n'est point besoin de l'étranger. A quoi bon l'étranger, tant que vous n'aurez pas épuisé vos propres ressources? Vous craignez d'être dépassé par la révolution, n'est-ce pas, Sire?

— Je l'avoue.

— Eh bien! il y a deux moyens de sauver à la fois le roi et la France.

— Dites-les, monsieur, et vous aurez bien mérité de tous deux.

— Le premier, Sire, c'est de vous placer à la tête du mouvement et de le diriger.

— Ils m'entraineront avec eux, monsieur Gilbert, et je ne veux pas aller où ils vont.

— Le second, est de lui mettre un mors assez solide pour le dompter.

— Comment s'appellera ce mors, monsieur ?

— La popularité et le génie.

— Et quel sera le forgeron ?

— Mirabeau.

Louis XVI regarda Gilbert en face, comme s'il avait mal compris.

IX

Mirabeau.

Gilbert vit que c'était une lutte à soutenir, mais il était préparé.

— Mirabeau, répéta-t-il, oui, Sire, Mirabeau.

Le roi se retourna vers le portrait de Charles Ier.

— Qu'eusses-tu répondu, Charles Stuart, demanda-t-il à la poétique toile de Van-Dyck, si au moment où tu sentais trembler la terre sous tes pieds, on t'eut proposé de t'appuyer sur Cromwell?

— Charles Stuart eut refusé et eut bien fait, dit Gilbert, car il n'y a aucune ressemblance entre Cromwell et Mirabeau.

— Je ne sais pas comment vous envisagez les choses, docteur, dit le roi, mais pour moi il n'y a pas de degrés dans la trahison : un traître est un traître, et je ne sais pas faire de différence entre qui l'est un peu et qui l'est beaucoup.

— Sire, dit Gilbert avec un profond respect, mais en même temps avec une invincible fermeté, ni Cromwell ni Mirabeau ne sont des traitres.

— Et que sont-ils donc, s'écria le roi?

— Cromwell est un sujet rebelle et Mirabeau un gentilhomme mécontent?

— Mécontent de quoi?

— De tout : de son père qui l'a fait enfermer dans le château d'If et au donjon de Vincennes, des tribunaux qui l'ont condamné à mort, du roi qui a méconnu son génie et qui le méconnait encore.

— Le génie de l'homme politique, monsieur Gilbert, dit vivement le roi, c'est l'honnêteté.

— La réponse est belle, Sire, digne de

Titus, de Trajan ou de Marc Aurèle ; malheureusement l'expérience est là qui lui donne tort.

— Comment cela ?

— Était-ce un honnête homme qu'Auguste, qui partageait le monde avec Lépide et Antoine, et qui exilait Lépide et tuait Antoine pour avoir le monde à lui tout seul ? Était-ce un honnête homme que Charlemagne, qui envoyait son frère Carloman dans un cloître, et qui, pour en finir avec son ami Witikind, presque aussi grand homme que lui, faisait couper toutes les têtes de sa race qui dépassaient la hauteur de son épée ? Était-ce un honnête homme que Louis XI, qui se révoltait contre son père pour le détrôner, et qui, quoiqu'il échouât, inspirait au pauvre Charles VII une telle terreur, que, de peur d'être empoisonné, il se laissait mourir de faim? Et cependant, ni les uns ni les autres, Dieu merci! n'ont fait de tort à la royauté? Était-ce un honnête homme que Richelieu, qui faisait sa cour à la femme de son roi, et lâchait un assassin ou un bourreau sur ceux qu'il soupçonnait d'être plus heureux que lui? Était-ce un honnête homme que Mazarin, qui signait un pacte avec le Protecteur, et qui non-seulement refusait un demi million et cinq cents hommes à Charles II, mais encore le chassait de France? Était-ce un honnête homme que Colbert, qui trahissait, accusait, renversait Fouquet, son protecteur, et qui, tandis qu'on le jetait vivant dans un cachot dont il ne devait sortir que cadavre, s'asseyait impudemment et superbement dans son fauteuil chaud encore? Et cependant ni les uns ni les autres, Dieu merci ! n'ont fait de tort aux rois ?

— Mais, monsieur Gilbert, vous savez bien que M. de Mirabeau ne peut être à moi, puisqu'il est à M. le duc d'Orléans.

— Eh ! Sire, puisque M. le duc d'Orléans est exilé, M. de Mirabeau n'est plus à personne.

— Comment voulez-vous que je me lie à un homme à vendre ?

— En l'achetant, ne pouvez-vous pas

lui donner plus que qui que ce soit au monde ?

— Un insatiable, qui demandera un million.

— Si Mirabeau se vend pour un million, Sire, il se donnera. Croyez-vous qu'il vaille deux millions de moins qu'un ou qu'une Polignac.

— Monsieur Gilbert !

— Le roi me retire la parole, dit Gilbert en s'inclinant, je me tais.

— Non, au contraire, parlez !

— J'ai parlé, Sire.

— Alors discutons.

— Je ne demande pas mieux, je sais mon Mirabeau par cœur, Sire.

— Vous êtes son ami?

— Je n'ai malheureusement point cet honneur-là. D'ailleurs M. de Mirabeau n'a qu'un ami, qui est en même temps celui de la reine.

— Oui, M. le comte de Lamarck, je sais cela, nous le lui reprochons assez tous les jours.

— Votre Majesté, au contraire, devrait lui défendre, sous peine de mort, de jamais se brouiller avec lui.

— Et de quelle importance voulez-vous, monsieur, que soit dans le poids des affaires un gentillâtre comme M. Riquetti de Mirabeau.

— D'abord, Sire, permettez-moi de vous dire que M. de Mirabeau est un gentilhomme, et non pas un gentillâtre : il y a peu de gentilshommes en France qui datent du onzième siècle, puisque, pour en avoir encore quelques-uns autour d'eux, nos rois ont eu l'indulgence de n'exiger de ceux à qui ils accordent l'honneur de monter dans leur carrosse, que des preuves de 1399. Non, Sire, on n'est pas un gentillâtre quand on descend des Arrighelli de Florence, qu'on est venu à la suite d'une défaite du parti gibelin s'établir à Florence. On n'est pas un gentillâtre parce qu'on a eu un aïeul commerçant a Marseille ; car vous savez, Sire, que la noblesse de Marseille, comme celle de Venise, a le privilège de ne point déroger en faisant du commerce.

— Un débauché, interrompit le roi, un bourreau de réputation, un gouffre d'argent.

— Ah bien ! il faut prendre les hommes comme la nature les a faits ; les Mirabeau ont toujours été orageux et désordonnés dans leur jeunesse ; mais ils mûrissent en vieillissant ; jeunes gens, ils sont malheureusement tels que le dit Votre Majesté ; devenus chefs de famille ils sont impérieux, hautains, mais austères ; le roi qui les méconnaîtrait serait ingrat, car ils ont fourni a l'armée

de terre d'intrépides soldats, à l'armée
de mer des marins audacieux. Je sais
bien que, dans leur esprit provincial,
haineux de toute centralisation; je sais
bien que dans leur opposition semi-féo-
dale et semi-républicaine ils bravaient,
du haut de leur donjon, l'autorité des
ministres, parfois même celle des rois;
je sais bien qu'ils ont plus d'une fois
jeté dans la Durance les argus du fisc
qui voulaient opérer sur leurs terres, je
sais bien qu'ils confondaient dans un
même dédain, qu'ils couvraient d'un mépris égal les courtisans et les commis,
les fermiers généraux et les lettrés, n'es-
timant que deux choses au monde, le fer
de l'épée et le fer de la charue; je sais
bien que l'un d'eux a écrit: Le valetage

est destiné aux gens de cour à visage et à cœur de plâtre, comme le barbotage aux canards; mais tout cela, Sire, ne sent pas le moins du monde le gentillâtre; tout cela, au contraire, n'est peut-être pas de la plus honnête morale, mais est, à coup sûr, de la plus haute gentilhommerie.

— Allons, allons, Monsieur Gilbert, dit avec une espèce de dépit le roi qui croyait mieux connaître que personne les hommes considérables de son royaume, allons vous l'avez dit, vous savez vos Mirabeau par cœur, pour moi qui ne les sait pas, continuez : avant de se servir des gens on aime à les apprendre.

— Oui, Sire, reprit Gilbert aiguillonné par l'espèce d'ironie qu'il découvrait dans l'intonation avec laquelle le roi lui parlait, et je dirai à Votre majesté : c'était un Mirabeau, un Bruno de Riquetti qui le jour où M. de La Feuillade inaugurait sur la place de la Victoire, la statue de la Victoire avec ses quatres nations enchaînées, passant avec son régiment, le régiment des gardes, Sire, sur le Pont-Neuf, s'arrêta et fit arrêter son régiment devant la statue de Henri IV. et dit en ôtant son chapeau : « Mes amis, saluons celui-ci, car celui-ci en vaut bien un autre. » C'était un Mirabeau, ce François de Riquetti qui, à l'âge de dix-sept ans revient de Malte, trouve sa mère Anne de Pontèves en deuil, et lui demande pourquoi ce deuil, puisque depuis dix ans son père est mort. Parce que j'ai été insultée, répondit la mère, par qui, madame? Par le chevalier de Griasque. Et vous ne vous êtes pas vengée? demanda François qui connaissait sa mère. J'en ai eu bonne envie, un jour je l'ai trouvé seul, je lui ai appliqué un pistolet chargé contre la tempe, et je lui ai dit, si j'étais seule, je te brûlerais la cervelle comme tu vois que je puis le faire. Mais j'ai un fils qui me vengera plus honorablement. Vous avez bien fait, ma mère, répond le jeune homme et sans se débotter il reprend son chapeau, receint son épée, va trouver le chevalier de Griasque, un spadassin, un bretailleur, le provoque, s'enferme avec lui dans un jardin, jette les clefs par-dessus les murs et le tue. C'était un Mirabeau ce marquis Louis Antoine qui avait six pieds, la beauté d'Antinoüs, la force de Milon, à qui cependant sa grand'mère disait dans son patois provençal : Vous n'êtes plus des hommes, vous autres, vous êtes des diminutifs d'hommes; et qui élevé par cette Virago, avait, comme l'a dit depuis son petit-fils, le ressort et l'appétit de l'impossible, qui, mousquetaire à dix-huit ans, toujours au feu, aimant le danger avec passion, comme d'autres aiment le plaisir, commandait une légion d'hommes terribles, acharnés, indomptables comme lui, si bien que les autres soldats disaient en les voyant passer : « Vois-tu ces parements rouges ? ce sont les *Mirainbeaux*, c'est-à-dire une légion de diables commandés par Satan. Et il se trompait sur le commandant, en l'appelant Satan, car c'était un homme fort pieux, si pieux qu'un jour le feu ayant pris dans un de ses bois, au lieu de donner des ordres pour qu'on essayât de l'éteindre par les moyens ordinaires, il y fit porter le Saint-Sacrement et le feu s'éteignit. Il est vrai que cette piété était celle d'un vrai baron féodal, et que le capitaine trouvait parfois moyen de tirer le dévot d'un grand embarras, comme il lui arriva, un jour que des déserteurs qu'il voulait faire fusiller s'étaient réfugiés dans l'église d'un couvent italien : il ordonna à ses hommes d'enfoncer les portes, et ils allaient obéir quand les portes s'ouvrirent d'elles-mêmes, et quand l'abbé apparut sur le seuil *in pontificalibus*, le Saint-Sacrement entre les mains.

— Eh bien, demanda Louis XVI, évidemment captivé par ce récit plein de verve et de couleur.

— Il demeura un instant pensif, car la position était embarrassante, puis illuminé d'une idée subite :

— Dauphin, dit-il à son guidon, qu'on appelle l'aumônier du régiment, et qu'il vienne retirer le bon Dieu des mains de ce drôle-là.

— Ce qui fut précisément fait par l'aumônier du régiment, Sire, appuyé par les mousquets de ces diables à parement rouges.

— En effet, dit Louis XVI, oui, je me rappelle ce marquis Antoine. N'est-ce pas lui qui disait au Lieutenant général Chamillard, qui après une affaire où il s'était distingué promettait de parler de lui à Chamillard, le ministre :

— Monsieur votre frère est bien heureux de vous avoir, car sans vous il serait l'homme le plus sot du royaume.

— Oui, Sire, aussi fit-on une promotion de maréchaux de camp où le ministre Chamillard se garda bien de mettre le nom du marquis.

— Et comment finit ce héros, qui me paraît être le Condé de la race des Riquetti? demanda en riant le roi.

— Sire, qui a belle vie a belle mort, répondit gravement Gilbert. Chargé à la bataille de Cassano de défendre un pont attaqué par les impériaux, suivant son habitude il avait fait coucher ses soldats ventre à terre, et lui, géant, se tenait debout, s'offrant comme un point de mire au feu de l'ennemi; il en résulta que les balles commencent à siffler autour de lui comme grêle ; mais lui ne bougeait pas plus qu'un poteau à indiquer le chemin. Une de ces balles lui cassa le bras droit, d'abord, mais ce n'était rien que cela : vous comprenez, Sire ? Il prit son mouchoir, mit son bras droit en écharpe, et saisit de sa main gauche une hache, son arme ordinaire, méprisant le sabre et l'épée comme portant de trop petits coups ; mais à peine avait-il accompli cette manœuvre, qu'un second coup de feu lui traversant la gorge lui coupa la jugulaire et les nerfs du cou. Cette fois c'était plus grave ; cependant, malgré l'horrible blessure, le colosse resta encore un instant debout, puis étouffé par le sang, il s'abattit sur le pont comme un arbre qu'on déracine. A cette vue le régiment se décourage et s'enfuit, avec son chef il venait de perdre son âme. Un vieux sergent qui espère qu'il n'est pas tout à fait mort lui jette en passant une marmite sur le visage, et à la suite de son régiment toute l'armée du prince Eugène, cavalerie et infanterie lui passe sur le corps. La bataille finie, il s'agit d'enterrer les cadavres : le magnifique

habit du marquis fait qu'on le remarque;
un de ses soldats prisonnier le reconnaît;
le prince Eugène voyant qu'il souffle ou
plutôt qu'il râle encore, ordonne de le
reporter au camp du duc de Vendôme.
L'ordre est exécuté ; on dépose le corps
du marquis sous la tente du prince ou se
trouve par hasard le fameux chirurgien
Dumoulin ; c'était un homme plein de
fantaisie; il lui prend celle de rappeler ce
cadavre à la vie, la cure le tente d'autant
plus qu'elle paraît plus impossible. Outre
cette blessure, qui sauf l'épine dorsale
et quelques lambeaux de chair lui séparait à peu près la tête des épaules, tout
son corps, sur lequel trois mille chevaux
et six mille fantasins avaient passés, n'était qu'une plaie ; pendant trois jours on

doute s'il reprendra même connaissance; au bout de trois jours il ouvre un œil, deux jours après il remue un bras, enfin il seconde l'acharnement de Dumoulin d'un acharnement égal, et après trois mois on voit reparaître le marquis Jean Antoine avec un bras cassé enveloppé d'une écharpe noire, vingt-sept blessures éparpillées sur tout son corps, cinq de plus que César, et la tête soutenue par un col d'argent. Sa première visite fut pour Versailles, où le conduisit M. le duc de Vendôme, et le roi lui demanda comment ayant fait preuve d'un tel courage il n'était pas encore maréchal de camp.

« Sire, répondit le marquis Antoine, si au lieu de rester à défendre le pont de Cassano j'étais venu à la cour purger quelques coquins, j'aurais eu mon avancement et moins de blessures. »

— Ce n'était point ainsi que Louis XIV aimait qu'on lui répondît, aussi tourna-t-il les talons au marquis.

« Jean-Antoine, mon ami, lui dit en sortant M. de Vendôme, désormais je te présenterai à l'ennemi, mais jamais au roi. »

— Quelques mois après, le marquis, avec ses vingt-sept blessures, son bras cassé et son collier d'argent, épousa mademoiselle de Castellane-Norante, à laquelle il fit sept enfants entre sept nouvelles campagnes. Parfois, mais rarement, comme les vrais braves, il parlait de cette fameuse affaire de Cassano ; et, quand il en parlait, il avait l'habitude de dire : C'est la bataille où je fus tué.

— Vous me dites bien, reprit Louis XVI qui s'amusait visiblement à cette énumération des ancêtres de Mirabeau, vous me dites bien, mon cher docteur, comment le marquis Jean-Antoine *fut tué;* mais vous ne me dites pas comment il est *mort*.

— Il mourut dans le donjon de Mirabeau, âpre et dure retraite située sur un roc escarpé, barrant une double gorge, sans cesse battue du vent du nord ; et il est mort avec cette écorce impérieuse et qui se fait sur la peau des Riquetti au fur et à mesure qu'ils vieillissent, élevant ses enfants dans la soumission et le respect, et les tenant à une telle distance, que l'aîné de ses fils disait : « Je n'ai jamais eu l'honneur de toucher ni de la main ni des lèvres la chair de cet homme respectable. »

Cet aîné, Sire, c'était le père du Mirabeau actuel, oiseau haggard dont le nid fut fait entre les quatre tourelles ; qui n'a jamais voulu s'enversailler, comme il dit, ce qui fait sans doute que Votre Majesté, ne le connaissant pas, ne lui rend pas justice.

— Si fait, monsieur, dit le roi, si fait ! je le connais, au contraire : c'est un des chefs de l'école économiste : il a eu sa part dans la révolution qui s'accomplit en donnant le signal des réformes sociales et en popularisant beaucoup d'erreurs et quelques vérités, ce qui est d'autant plus coupable de sa part, qu'il prévoyait la situation, lui qui a dit : Il n'est aujourd'hui ventre de femme qui ne porte un Arteveld ou un Masaniello. Il ne se trompait pas, et le ventre de la sienne a porté pis que tout cela.

— Sire, s'il y a dans Mirabeau quelque chose qui répugne à Votre Majesté ou qui l'effraie, laissez-moi lui dire que c'est le despotisme paternel et le despotisme royal qui ont fait tout cela.

— Le despotisme royal ! s'écria le roi.

— Sans doute, Sire, car sans le roi le père ne pouvait rien. Car, enfin, quel crime si grave avait donc commis le descendant de cette grande race, pour qu'à quatorze ans son père l'envoie dans une école de correction où il est inscrit, pour l'humilier, non pas sous son nom de Riquetti de Mirabeau, mais sous le nom de Ruffières? Qu'avait-il fait pour qu'à dix-huit ans son père obtînt une lettre de cachet contre lui, et l'enfermât dans l'île de Rhé? Qu'avait-il fait pour qu'à vingt ans il l'envoie faire, avec un bataillon disciplinaire, la guerre en Corse, avec cette prédiction de son père:
« Il s'embarquera le 16 avril prochain sur une plaine qui se sillonne toute seule, Dieu veuille qu'il n'y rame pas un

jour? » Qu'avait-il fait pour qu'au bout d'un an de mariage son père l'exile à Mayorque? Qu'avait-il fait pour qu'au bout de six mois à Mayorque son père le fasse transférer au fort de Loux? Qu'avait-il fait enfin pour être, après sa fuite de sa prison, arrêté à Amsterdam et enfermé dans le donjon de Vincennes où, pour tout espace, à lui qui étouffe dans le monde, la clémence paternelle, réunie à la clémence royale, lui donne un cachot de dix pieds carrés, où cinq ans s'agite sa jeunesse, rugit sa passion, mais où en même temps s'aggrandit son esprit et se fortifie son cœur. Ce qu'il avait fait, je vais le dire à Votre Majesté : Il avait séduit son professeur, Poisson, par sa facilité à tout apprendre et à tout comprendre ; il avait mordu de travers à la science économique ; il avait, ayant pris la carrière militaire, désiré la continuer ; il avait, réduit à six mille livres de rentes lui, sa femme et un enfant, fait pour une trentaine de mille francs de dettes; il avait rompu son ban de monarque pour venir bâtonner un insolent gentilhomme qui a insulté sa sœur ; il avait enfin, et c'est là son plus grand crime, en cédant aux séductions d'une jeune et jolie femme, enlevé cette femme à un vieux mari caduc, morose et jaloux.

— Oui, monsieur, et pour l'abandonner ensuite, dit le roi ; de sorte que la malheureuse madame de Monnier, restée seule avec son crime, se donna la mort.

Gilbert leva les yeux au ciel et poussa un soupir.

— Voyons, dites, qu'avez-vous à répondre à cela, monsieur, et comment défendrez-vous votre Mirabeau ?

— Par la vérité, Sire, par la vérité qui pénetre si difficilement jusqu'aux rois, que vous qui la cherchez, qui la demandez, qui l'appelez, vous l'ignorez presque toujours. — Non, madame de Monnier, Sire, n'est point morte de l'abandon de Mirabeau, car en sortant de Vincennes, la première visite de Mirabeau est pour elle; il entre déguisé en colporteur dans le couvent de Gien, où elle a été demander un asile, il trouve Sophie froide, contrainte; une explication a lieu; Mirabeau s'aperçoit que non seulement madame Monnier ne l'aime plus, mais encore qu'elle en aime un autre, le chevalier de Baucourt. Cet autre, devenu libre par la mort de son mari, elle va l'épouser. Mirabeau est sorti trop tôt de prison. On comptait sur sa captivité; il faudra se contenter de son honneur. Mirabeau cède la place à son rival. Mirabeau se retire. Madame de Monnier va épouser M. de Baucourt, M. de Baucourt meurt subitement. — Elle avait mis, la pauvre créature, tout son cœur et toute sa vie dans ce dernier amour. Il y a un mois, le 9 septembre, elle s'enferme dans sa chambre et s'asphixie, alors les ennemis de Mirabeau de crier qu'elle meurt de l'abandon de son premier amant, quand elle meurt d'amour pour un second. — Oh! l'histoire, l'histoire! voilà cependant comment on l'écrit.

— Ah! dit le roi, voilà donc pourquoi il a reçu cette nouvelle avec une si grande indifférence.

— Comment il l'a reçue, je puis encore dire cela à Votre Majesté, Sire, car je connais celui qui la lui a annoncée : c'est un des membres de l'Assemblée; interrogez-le lui-même, il n'osera mentir, car c'est un prêtre, c'est le curé de Gien, l'abbé Vallet, il siège sur les bancs opposés à ceux où siége Mirabeau, il traversa la salle et au grand étonnement du comité il vint s'asseoir près de lui.

— Que diable venez-vous faire ici? demanda Mirabeau.

Sans lui répondre, l'abbé Vallet lui remit la lettre qui annonçait dans tous ses détails la fatale nouvelle.

Il l'ouvrit et fut longtemps à la lire, car sans doute ne pouvait-il pas y croire, puis il la relut une seconde fois. et pendant cette seconde lecture son visage pâlissait, se décomposait; de temps en temps il passait ses mains sur son front, s'essuyant les yeux du même coup, toussant, crachant, essayant de redevenir maître de lui-même; enfin, il lui fallut céder, il se leva, sortit précipitamment, et de trois jours ne reparut pas à l'Assemblée. Oh! Sire, Sire, pardonnez-moi d'entrer dans tous ces détails. Voyez-vous, mais il suffit d'être un homme de génie ordinaire pour être calomnié en tout point et sur toute chose, à plus forte raison l'homme du génie est un géant.

— Pourquoi donc en est-il ainsi, docteur, et quel intérêt a-t-on près de moi de calomnier M. de Mirabeau?

— L'intérêt qu'on a, Sire? l'intérêt qu'a toute médiocrité à garder sa place près du trône. Mirabeau n'est point un

de ces hommes qui puisse entrer dans
le temple sans en chasser tous les ven-
deurs; Mirabeau près de vous, Sire,
c'est la mort des petites intrigues, c'est
l'exil des petits intrigants; Mirabeau
près de vous, c'est le génie traçant le
chemin à la probité. Et que vous importe, Sire, que Mirabeau ait mal vécu
avec sa femme; que vous importe que
Mirabeau ait enlevé madame de Monnier; que vous importe que Mirabeau
ait un demi million de dettes; payez ce
demi million de dettes, Sire, ajoutez à
ces cinq cent mille francs un million,
deux millions, dix millions, s'il le faut.
Sire, Mirabeau est libre, ne laisssz pas
échapper Mirabeau, prenez-le, faites-en
un conseiller, faites-en un ministre,

écoutez ce que vous dira sa voix puissante, et ce qu'il vous aura dit, redites-le à votre peuple, à l'Europe, au monde.

— M. de Mirabeau, qui s'est fait marchand de drap à Aix, pour être nommé par le peuple, M. de Mirabeau ne peut pas mentir à ses commettants en quittant le parti du peuple pour celui de la cour.

— Sire, Sire, je vous le répète, vous ne connaissez pas Mirabeau; Mirabeau est un aristocrate, un noble, un royaliste avant tout; il s'est fait élire par le peuple parce que la noblesse le dédaignait, parce qu'il y avait dans Mirabeau ce sublime besoin d'arriver au but par quelque moyen que ce soit qui tourmente les hommes de génie ; il n'eût été nommé ni par la noblesse, ni par le peuple, qu'il fût entré au parlement comme Louis XIV, botté et éperonné, arguant du droit divin ; il ne quittera point le parti du peuple pour le parti de la cour, dites-vous ; eh ! Sire, pourquoi y a-t-il un parti du peuple et un parti de la cour, pourquoi ces deux partis n'en font-ils pas un seul ? eh bien ! c'est ce que Mirabeau fera ; oui, prenez Mirabeau, Sire ; demain, Mirabeau rebuté par vos dédains, se tournera peut-être contre vous, et alors, Sire, alors, c'est moi qui vous le dis, et c'est ce tableau de Charles 1ᵉʳ qui vous le dira après moi, comme il vous l'a dit avant moi, alors tout sera perdu !...

— Mirabeau tournera contre moi, dites-vous; n'est-ce point déjà fait, Monsieur.

— Oui, en apparence, peut-être, mais au fond Mirabeau est à vous, Sire ; demandez au comte de Lamark ce qu'il lui a dit après cette fameuse séance du 21 juin, car Mirabeau seul lit dans l'avenir avec une effrayante sagacité.

— Eh bien! que dit-il ?

— Il se tord les mains de douleur, Sire, et s'écrie : C'est ainsi que l'on mène les rois à l'échafaud. Et trois jours après :

— Ces gens ne voient pas les abîmes qu'ils creusent sous les pas de la monarchie, dit-il encore, le roi et la reine y périront et le peuple battra les mains sur leurs cadavres.

Le roi frissonna, pâlit, regarda le portrait de Charles Ier, parut un instant prêt à se décider, mais tout-à-coup :

— Je parlerai de cela à la reine, dit-il ; peut-être se décidera-t-elle à parler à M. de Mirabeau, mais moi, je ne lui parlerai pas ; j'aime à pouvoir serrer la main à des gens à qui je parle, monsieur Gilbert, comme je serre en ce moment la vôtre, et je ne voudrais pas au prix de mon trône, de ma liberté, de ma vie, serrer la main à M. de Mirabeau.

Gilbert allait répliquer peut-être,

peut-être Gilbert allait-il insister encore, mais en ce moment un huissier entra.

— Sire, dit-il, la personne que Votre Majesté doit revoir ce matin est arrivée et attend dans les antichambres.

Louis XVI fit un mouvement d'inquiétude en regardant Gilbert.

— Sire, dit celui-ci, si je ne dois pas voir la personne qu'attend Votre Majesté, je passerai par une autre porte.

— Non, Monsieur, dit Louis XVI, passez par celle-ci ; vous savez que je vous tiens pour mon ami et que je n'ai point de secret pour vous ; d'ailleurs, la personne que j'attends est un simple gentilhomme qui a autrefois été attaché à la maison de mon frère et qui vient recommandé par lui ; c'est un fidèle serviteur et je vais voir s'il est possible de faire quelque chose, sinon pour lui, du moins pour sa femme et ses enfants.

Allez, monsieur Gilbert, vous savez que vous serez toujours bien venu à me venir voir, quand même vous viendriez pour me parler de M. Riquetti de Mirabeau.

— Sire, demanda Gilbert, dois-je donc me regarder comme complètement battu ?

— Je vous ai dit, Monsieur, que j'en parlerais à la reine, et que j'y réfléchirais ; plus tard, nous verrons.

— Plus tard, Sire ; d'ici a ce moment je prierai Dieu qu'il soit encore assez tôt.

— Oh ! oh ! croyez-vous donc le péril si urgent?

— Sire, dit Gilbert, ne faites jamais enlever de votre chambre le portrait de Charles Stuart; c'est un bon conseiller.

Et, s'inclinant, il sortit juste au moment où la personne attendue par le roi se présentait à la porte pour entrer.

Gilbert ne put retenir un cri de surprise ; ce gentilhomme, qui avait audience de sa majesté, était ce même marquis de Favras que huit à dix jours auparavant, il avait rencontré chez Cagliostro, et dont celui-ci lui avait annoncé la mort fatale et prochaine.

X

Favras.

Tandis que Gilbert s'éloignait, en proie à une terreur inconnue que lui inspirait, non pas le côté réel, mais le côté invisible et mystérieux des événements, le marquis de Favras était, comme nous l'avons dit dans le chapitre précédent, introduit près du roi Louis XVI.

Ainsi que l'avait fait le docteur Gilbert, il s'arrêta à la porte ; mais le roi, l'ayant vu dès son entrée, lui fit signe d'approcher.

Favras s'avança et s'inclina, attendant respectueusement que le roi lui adressât la parole.

Louis XVI fixa sur lui ce regard investigateur qui semble faire partie de l'éducation des rois, et qui est plus ou moins superficiel, plus ou moins profond, selon le génie de celui qui l'emploie et qui l'applique.

Thomas Mahi marquis de Favras était un gentilhomme de haute taille, âgé de quarante-cinq ans, de tournure élégante et ferme à la fois, avec une physionomie franche et un visage ouvert.

L'examen lui fut donc favorable, et quelque chose comme un sourire passa sur les lèvres du roi, s'entr'ouvrant déjà pour l'interroger.

— Vous êtes le marquis de Favras, monsieur? demanda le roi.

— Oui, Sire, répondit le marquis.

— Vous avez désiré m'être présenté ?

— J'ai exprimé à son Altesse Royale monsieur le comte de Provence mon vif désir de déposer mes hommages aux pieds du roi.

— Mon frère a grande confiance en vous !

— Je le crois, Sire, et j'avoue que mon ardente ambition est que cette confiance soit partagée par Votre Majesté.

— Mon frère vous connaît depuis longtemps, monsieur de Favras...

— Tandis que Votre Majesté ne me connaît pas... je comprends ; mais que Votre Majesté daigne m'interroger, et, dans dix minutes, elle me connaîtra aussi bien que me connaît son auguste frère.

— Parlez, Marquis, dit Louis XVI en jetant un regard de côté sur le portrait de Charles Stuart, qui ne pouvait ni sortir entièrement de sa pensée, ni s'écarter tout à fait du rayon de son œil ; parlez, je vous écoute.

— Votre Majesté désire savoir?...

— Qui vous êtes, et ce que vous avez fait.

— Qui je suis, Sire? l'annonce seule de mon nom vous l'a dit ; je suis Thomas, marquis de Favras ; je suis né à Blois, en 1745 ; je suis entré aux mousquetaires à quinze ans, et j'ai fait, dans ce corps, la campagne de 1761. Je fus, ensuite, capitaine et aide-major dans le régiment de Belzunce ; puis lieutenant des Suisses de la garde de Monsieur le comte de Provence.

— Et c'est en cette qualité que vous avez connu mon frère? demanda le roi.

— Sire, j'avais eu l'honneur de lui être présenté un an auparavant; de sorte qu'il me connaissait déjà.

— Et vous avez quitté son service?

— En 1775, Sire, pour me rendre à Vienne, où j'ai fait reconnaître ma femme comme fille unique et légitime du prince d'Anhalt Schauenbourg.

— Votre femme n'a jamais été présentée, Monsieur?

— Non, Sire ; mais elle a l'honneur en ce moment même d'être chez la reine avec mon fils.

Le roi fit un mouvement d'inquiétude qui semblait dire : « Ah ! la reine en est donc ? »

Puis, après un moment de silence qu'il employa à se promener de long en large, et à jeter furtivement un nouveau regard sur le portrait de Charles I*er*.

— Et ensuite ? demanda Louis XVI.

— Ensuite, Sire, j'ai, il y a trois ans, lors de l'insurrection contre le Stathouder, commandé une légion, et contribué pour ma part au rétablissement de l'autorité ; puis, jetant les yeux sur la France, et voyant le mauvais esprit qui commençait à y tout désorganiser, je suis revenu à Paris pour mettre mon épée et ma vie au service du roi.

— Eh bien, monsieur ! vous avez vu, en effet, de tristes choses, n'est-ce pas ?

— Sire, j'ai vu les journées des 5 et 6 octobre.

Le roi sembla vouloir détourner la conversation.

— Et vous dites donc, monsieur le Marquis, continua-t-il, que mon frère, monsieur le comte de Provence, a si grande confiance en vous, qu'il vous a chargé d'un emprunt considérable?

A cette question inattendue, celui qui eût été là en tiers eût pu voir trembler d'une secousse nerveuse le rideau qui fermait à moitié l'alcôve du roi, comme si quelqu'un eût été caché derrière ce rideau, et tressaillir monsieur de Favras, ainsi que le fait un homme préparé à une demande, et auquel on en adresse tout à coup une autre.

— Oui, Sire, en effet, dit-il ; si c'est une marque de confiance que de remettre à un gentilhomme des intérêts d'argent, cette marque de confiance, Son Altesse Royale m'a fait l'honneur de me la donner.

Le roi attendit la suite, regardant Favras, comme si la direction qu'il venait de faire prendre à l'instruction offrait à sa curiosité un plus grand intérêt que celle qu'elle avait d'abord.

Le marquis continua donc, mais en homme désappointé.

— Son Altesse Royale étant privée

de ses revenus par suite des différentes opérations de l'assemblée, et pensant que le moment était venu où, pour la cause même de leur propre sûreté, il était bon que les princes eussent une forte somme à leur disposition, Son Altesse Royale, dis-je, m'a remis des contrats...

— Sur lesquels vous avez trouvé à emprunter, monsieur?

— Oui, Sire.

— Une somme considérable, comme vous disiez?

— Deux millions.

— Et chez qui?

Favras hésita presque à répondre au roi, tant la conversation lui semblait sortir de la voie, et passer des grands intérêts généraux à la connaissance des intérêts particuliers, descendre enfin de la politique à la police.

— Je vous demande chez qui vous avez emprunté, répéta le roi.

— Sire, je m'étais d'abord adressé aux banquiers Schaumel et Sartorius ; mais, la négociation ayant échoué, j'ai eu recours à un banquier étranger qui, ayant eu connaissance du désir de son Altesse-Royale, m'a le premier, dans son amour pour nos princes, et dans son respect pour le roi, fait faire des offres de service.

— Ah!... Et vous nommez ce banquier?...

— Sire, dit en hésitant Favras.

— Vous comprenez bien, monsieur, insista le roi, qu'un pareil homme est bon à connaître, et que je désire savoir son nom, ne fût-ce que pour le remercier de son dévouement, si l'occasion s'en présente.

— Sire, dit Favras, il se nomme le baron Zannone.

— Ah ! dit Louis XVI, c'est un Italien ?

— Un Génois, Sire.

— Et il demeure?

— Il demeure à Sèvres, Sire... juste en

face de l'endroit, continua Favras, qui espérait, par ce coup d'éperon, donner un peu d'ardeur au cheval fourbu, juste en face de l'endroit où la voiture de Vos Majestés était arrêtée, le 6 octobre, pendant le retour de Versailles, quand ces égorgeurs, conduits par Marat, Verrières et M. le duc d'Aiguillon, faisaient, dans le petit cabaret du pont de Sèvres, friser par le coiffeur de la reine les deux têtes coupées de Varicourt et de Deshuttes !...

Le roi pâlit, et si, à ce moment, il eût tourné les yeux vers l'alcôve, il eût vu le rideau mobile s'agiter plus nerveusement encore cette seconde fois que la première.

Il était évident que cette conversation lui pesait, et qu'il eût voulu pour beaucoup ne pas l'avoir engagée.

Aussi résolut-il de la terminer au plus tôt.

— C'est bien, monsieur, dit-il, je vois que vous êtes un fidèle serviteur de la royauté, et je vous promets de ne pas l'oublier dans l'occasion.

Et il fit ce geste de la tête qui, chez les princes, signifie : « Il y assez longtemps que je vous fais l'honneur de vous écouter et de vous répondre ; vous êtes autorisé à prendre congé. »

Favras comprit parfaitement.

— Pardon, Sire, dit-il, mais je croyais

que Votre Majesté avait encore autre chose à me demander...

— Non, dit le roi en secouant la tête, comme s'il eût en effet, cherché dans son esprit quelles nouvelles questions il avait à faire ; non, marquis, et c'est bien là tout ce que je désirais savoir.

— Vous vous trompez, monsieur, dit une voix qui fit détourner le roi et le marquis du côté de l'alcôve, vous désiriez savoir comment l'aïeul de monsieur le marquis de Favras s'y était pris pour faire sauver le roi Stanislas de Dantzick, et le conduire sain et sauf jusqu'à la frontière prussienne.

Tous deux jetèrent un cri de surprise.

Cette troisième personne qui apparaissait tout à coup se mêlant à la conversation, c'était la reine.

La reine, pâle et les lèvres crispées et tremblantes; la reine, qui ne se contentait pas des quelques renseignements fournis par Favras, et qui, se doutant que le roi, abandonné à lui-même n'oserait aller jusqu'au bout, était venue, par l'escalier dérobé et le corridor secret, pour reprendre l'entretien au moment où le roi aurait la faiblesse de le laisser tomber.

Au reste, cette intervention de la reine et cette façon dont elle relevait la conversation en la rattachant à la fuite du roi Stanislas promettait au roi de tout entendre sous le voile transparent de l'allégorie, même les offres que venait lui faire Favras sur sa propre fuite, à lui Louis XVI.

Favras, de son côté, comprit à l'instant même le moyen qui lui était offert de développer son plan, et, quoique aucun de ses ancêtres ni de ses parents n'eût concouru à la fuite du roi de Pologne, il se hâta de répondre en s'inclinant :

— Votre Majesté veut sans doute parler de mon cousin le général Steinflicht, qui doit l'illustration de son nom à cet immense service rendu à son roi; service qui a eu cette heureuse influence sur le sort de Stanislas, de l'arracher d'abord aux mains de ses ennemis, et ensuite, par un concours providentiel de circonstances, de faire de lui l'aïeul de Votre Majesté.

— C'est cela ! c'est cela, monsieur ! dit vivement la reine, tandis que Louis XVI regardait, en poussant un soupir, le portrait de Charles Stuart.

— Eh bien ! dit Favras, Votre Majesté sait... Pardon, Sire !.. Vos Majestés savent que le roi Stanislas, libre dans Dantzig, mais cerné de tous côtés par l'armée moscowite, était à peu près perdu, s'il ne se décidait à une prompte fuite...

— Oh ! tout à fait perdu ! interrompit la reine, vous pouvez dire tout à fait perdu, monsieur de Favras.

— Madame, dit Louis XVI avec une certaine sévérité, la Providence, qui veille sur les rois, fait qu'ils ne sont jamais tout à fait perdus.

— Eh! Monsieur, dit la reine, je crois être tout aussi religieuse et tout aussi croyante que vous dans la Providence; mais cependant mon avis est qu'il faut l'aider un peu.

— C'était aussi l'avis du roi de Pologne, Sire, ajouta Favras; car il déclara positivement à ses amis que, ne regardant plus la position comme tenable et croyant sa vie en danger, il désirait qu'on lui soumît plusieurs projets de fuite. — Malgré la difficulté, trois projets lui furent présentés... Je dis malgré la difficulté, Sire, parce que Votre Majesté remarquera qu'il était bien autrement difficile au roi Stanislas de sortir de Dantzig qu'il ne le serait à vous, par exemple, si la fantaisie en prenait à Votre Majesté, de sortir de Paris. Avec une voiture de poste — si Votre Majesté voulait partir sans bruit et sans esclandre — avec une voiture de poste, Votre Majesté pourrait, en un jour et une nuit, gagner la frontière, ou bien, si elle voulait quitter Paris en roi, donner ordre à un gentilhomme qu'elle honorerait de sa confiance de réunir trente mille hommes et de la venir prendre au palais même des Tuileries... Dans l'un ou l'autre cas, la réussite serait sûre, l'entreprise certaine.

— Sire, reprit la reine, ce que monsieur de Favras dit là, Votre Majesté sait que c'est l'exacte vérité.

— Oui, dit le roi ; mais ma situation, à moi, madame, est loin d'être aussi désespérée que l'était celle du roi Stanislas. Dantzig était entouré par les Moscovites, comme le disait le marquis ; le fort de Weschselmand, son dernier rempart venait de capituler ; tandis que moi...

— Tandis que vous, interrompit la reine avec impatience, vous êtes au milieu des Parisiens, qui ont pris la

Bastille, le 14 juillet ; qui, dans la nuit du 5 au 6 octobre, ont voulu vous assassiner, et qui, dans la journée du 6, vous ont ramené de force à Paris en vous insultant, vous et votre famille, pendant tout le temps qu'a duré le voyage... Ah ! le fait est que la situation est belle et mérite qu'on la préfère à celle du roi Stanislas !

— Cependant, madame...

— Le roi Stanislas ne risquait que la prison, la mort peut-être ; tandis que nous...

Un regard du roi l'arrêta.

—Au reste, continua la reine, vous

êtes le maître, Sire ; c'est donc à vous de décider.

Et elle alla, impatiente, s'asseoir en face du portrait de Charles I*er*

— Monsieur de Favras, dit-elle, je viens de causer avec la marquise et avec son fils ; je les ai trouvés tout deux pleins de courage et de résolution, comme il convient à la femme et au fils d'un brave gentilhomme ; quelque chose qu'il arrive, — en supposant qu'il arrive quelque chose,— ils peuvent compter sur la reine de France ; la reine de France ne les abandonnera pas : elle est fille de Marie-Thérèse, et sait apprécier et récompenser le courage.

Le roi reprit, comme stimulé par cette boutade de la reine :

— Vous dites, monsieur, que trois moyens d'évasion avaient été proposés au roi Stanislas ?

— Oui, Sire.

— Et ces moyens étaient ?...

— Le premier, Sire, était de se déguiser en paysan, La comtesse de Chapska, palatine de Poméranie, qui parlait l'allemand comme sa langue maternelle, lui offrait, — se fiant à un homme qu'elle avait éprouvé, et qui connaissait parfaitement le pays, — de se déguiser en paysanne, et de le faire passer pour son ami. C'était le moyen dont je parlais tout à l'heure au roi de France, en lui disant quelle facilité il y aurait pour lui, dans le cas où il voudrait fuir incognito et nuitamment...

— Le second ? dit Louis XVI, comme s'il voyait avec une certaine impatience faire à sa propre situation une application quelconque de celle où s'était trouvé Stanislas.

— Le second, Sire, était de prendre mille hommes, et de risquer avec eux une trouée à travers les Moscovites.....
C'est aussi celui que je présentais tout à l'heure au roi de France, en lui faisant

observer qu'il avait, lui, non pas mille hommes à sa disposition, mais trente mille...

— Vous avez vu à quoi m'ont servi ces trente mille hommes, le 14 Juillet, monsieur de Favras, répondit le roi ; passons au troisième moyen.

— Le troisième, celui que Stanislas accepta, fut de se déguiser en paysan, et de sortir de Dantzig, non pas avec une femme qui pouvait être un embarras dans la route, non pas avec mille hommes qui pouvaient être tués, depuis le premier jusqu'au dernier, sans parvenir à faire une trouée, mais seulement avec deux ou trois hommes sûrs qui passent toujours partout. Ce troisième moyen était proposé par M. Monti, l'ambassadeur de France, et appuyé par mon parent le général Steinflicht.

— Ce fut celui qui fut adopté ?

— Oui Sire ; et, si un roi, se trouvant ou croyant se trouver dans la situation du roi de Pologne, s'arrêtait à ce parti, et daignait m'accorder, à moi, la même confiance que votre auguste aïeul accordait au général Steinflicht, je croirais pouvoir répondre de lui sur ma tête, surtout si les chemins étaient aussi libres que les chemins de France, et si ce roi était aussi bon cavalier que l'est Votre Majesté.

— Certes! dit la reine. Mais dans la nuit du 5 ou 6 Octobre, le roi m'a juré, monsieur, de ne jamais partir sans moi, et même de ne jamais faire un projet de départ où je ne fusse de moitié... La parole du roi est engagée, monsieur, et le roi n'y manquera pas.

— Madame, dit Favras, cela rend le voyage plus difficile, mais ne le rend pas impossible, et, si j'avais l'honneur de conduire une pareille expédition, je répondrais de porter la reine, le roi et la famille royale sains et saufs à Montmédy ou à Bruxelles, comme le général Steinflicht a rendu le roi Stanislas sain et sauf à Marienwender.

— Vous entendez, Sire? s'écria la reine; je crois, moi, qu'il y a tout à faire, et rien à craindre, avec un homme comme monsieur de Favras.

— Oui, madame, répondit le roi, c'est aussi mon avis; seulement, le moment n'est pas encore arrivé...

— C'est bien, monsieur, dit la reine, attendez, comme a fait celui dont le portrait nous regarde, et dont la vue, — je l'avais cru du moins, — vous devait donner un meilleur conseil... attendez que vous soyez forcé d'en venir à une bataille... attendez que cette bataille soit perdue!

Attendez que vous soyez prisonnier !
attendez que l'échafaud se dresse sous
votre fenêtre ! et, alors, vous qui dites,
aujourd'hui : « Il est trop tôt ! » vous seriez bien forcé de dire : « Il est trop
tard ! »

— En tout cas, Sire, à quelque heure
que ce soit, et à son premier mot, le roi
me trouvera prêt, dit Favras en s'inclinant ; — car il craignait que sa présence,
qui avait amené cette espèce de conflit
entre la reine et lui, ne fatiguât le roi.
Je n'ai que mon existence à offrir à mon
souverain, et je ne dirai pas que je la lui
offre, je dirai que de tout temps, il a eu
et aura le droit d'en disposer, cette existence étant à lui.

— C'est bien, monsieur, dit le roi, et, le cas échéant, je vous renouvelle, à l'endroit de la marquise et de votre fils, la promesse que vous a faite la reine.

Cette fois, c'était un vrai congé ; le marquis fut obligé de le prendre, et, quelque envie qu'il eût peut-être d'insister, ne trouvant d'autre encouragement que le regard de la reine, il se retira à reculons.

La reine le suivit des yeux jusqu'à ce que la tapisserie fût retombée devant lui.

— Ah ! monsieur, dit-elle en étendant la main vers la toile de Van Dyck, quand j'ai fait pendre ce tableau dans votre chambre, j'avais cru qu'il vous inspirerait mieux !

Et, hautaine et, comme dédaignant de poursuivre la conversation, elle s'avança vers la porte de l'alcôve ; puis, s'arrêtant tout à coup.

— Sire, avouez, dit-elle, que le marquis de Favras n'est point la première personne que vous ayez reçue ce matin.

— Non, Madame, vous avez raison ; avant le marquis de Favras, j'ai reçu le docteur Gilbert.

La reine tressaillit.

— Ah ! dit-elle, je m'en doutais..... Et le docteur Gilbert, à ce qu'il paraît...

— Est de mon avis, Madame ; que nous ne devons pas quitter Paris, la France.

— Mais, n'étant point d'avis que nous devons la quitter, monsieur, sans doute donne-t-il un conseil qui nous en rend le séjour possible ?

— Oui, Madame, il en donne un..... malheureusement, je le trouve, sinon mauvais, du moins inpraticable.

— Enfin, quel est ce conseil ?

— Il veut que nous achetions Mirabeau pour un an.

— Et à quel prix ? demanda la reine.

— Avec six millions... et un sourire de vous.

La physionomie de la reine prit un caractère profondément pensif.

— Au fait, dit-elle, peut-être serait-ce un moyen...

— Oui, mais un moyen auquel vous vous refuseriez pour votre part, n'est-ce pas, Madame ?

— Je ne réponds ni oui ni non, Sire,

fit la reine avec cette expression sinistre que prend l'ange du mal, sûr de son triomphe ; c'est à y songer...

Puis, plus bas, en se retirant :

— Et j'y songerai! ajouta-t-elle.

FIN DU DEUXIÈME VOLUME.

TABLE

DU DEUXIÈME VOLUME.

Chap. I. Mari et femme. 1
    II. La Chambre à coucher. 35
    III. Un Chemin connu. 59
    IV. Ce qu'etait devenu Sebastien. 87
    V. L'homme de la place Louis XV. . . . 117
    VI. Catherine. 141
    VII. Trève. 159
    VIII. Le portrait de Charles Ier 189
    IX. Mirabeau. 221
    X. Favras. 263

Imp. de E. Dépée, à Sceaux.

DERNIÈRES NOUVEAUTÉS TERMINÉES.

OUVRAGES D'ALEXANDRE DUMAS.

Mes Mémoires.	6 vol.
Olympe de Clèves	9 vol.
Conscience	5 vol.
Histoire d'une Colombe	2 vol.
Ange Pitou	8 vol.
Le Trou de l'Enfer.	4 vol.
Dieu Dispose	6 vol.
Louis Seize	5 vol.
Le Véloce.	4 vol.

OUVRAGES DE A. DE GONDRECOURT.

La Tour de Dago, (ouvrage inédit)	5 vol.
Le Bout de l'Oreille	7 vol.

OUVRAGES D'EUGÈNE SUE.

Fernand Duplessis.	6 vol.
L'Institutrice	4 vol.
Les Enfants de l'Amour	4 vol.

OUVRAGES DU MARQUIS DE FOUDRAS.

Madeleine Repentante	4 vol.
Diane et Vénus	4 vol.
Le Capitaine La Curée.	4 vol.
Un Caprice de Grande Dame, nouvelle édition revue et augmentée, 3 beaux volumes in-18 . . .	10 fr. 50
Suzanne d'Estouville, 2 volumes in-18 . .	7 fr.

OUVRAGES DE XAVIER DE MONTÉPIN.

Le Vicomte Raphaël	5 vol.
Mignonne	3 vol.
Le Loup Noir	2 vol.

OUVRAGES DE G. DE LA LANDELLE.

Les Princes d'Ebène	5 vol.
Le Morne aux Serpents	2 vol.
Les Iles de Glace	1 vol.
Une Haine à Bord	2 vol.

OUVRAGES D'ANDRÉ THOMAS.

Les Drames de Province	5 vol.
Les Ouvriers de Paris	5 vol.

OUVRAGES D'ALEXANDRE DUMAS FILS.

Le Roman d'une Femme	3 vol.
Tristan le Roux	3 vol.
La Dame aux Camélias, nouvelle édition, avec Préface de Jules Janin. 1 beau volume in-18.	

OUVRAGES DIVERS.

Nelly, par Amédé Achard	2 vol.
La Fée des Grèves, par Paul Féval	3 vol.
Le Mari Confident, par Madame Sophie Gay .	2 vol.
Faustine et Sydonie, par Mme Ch. Reybaud .	3 vol.
Hélène, par la Même	2 vol.
Une Vieille Maîtresse, par Jules Barbey d'Aurevilly	3 vol.
François le Champi, par George Sand . . .	2 vol.
Deux Trahisons, par Auguste Maquet . . .	2 vol.
Partie et Revanche, par Maximilien Perrin .	2 vol.

Sceaux. — Imprimerie de E. Depée.

OLYMPE DE CLÈVES
9 volumes.

CONSCIENCE
5 volumes.

MES MÉMOIRES
6 volumes.

HISTOIRE D'UNE COLOMBE
2 volumes.

LE VÉLOCE
4 volumes grand in-8, avec gravures.

ANGE PITOU
4 volumes.

LE TROU DE L'ENFER
4 volumes.

DIEU DISPOSE
Suite du Trou de l'Enfer. 6 volumes.

UN GIL BLAS EN CALIFORNIE
2 volumes.

LOUIS XIV
5 volumes.

LES MARIAGES DU PÈRE OLIFUS
5 volumes.

LA COMTESSE SALISBURY
6 volumes.

LA FEMME AU COLLIER DE VELOURS
2 volumes.

LES MILLE ET UN FANTÔMES
2 volumes.

LA RÉGENCE
3 volumes.

LOUIS QUINZE
5 volumes.

LE COLLIER DE LA REINE
11 volumes.

LES DRAMES DE LA MER
2 volumes.

Impr. de E. Dépée, à Sceaux.

www.ingramcontent.com/pod-product-compliance
Lightning Source LLC
Chambersburg PA
CBHW071259160426
43196CB00009B/1352